Lernen statt Pauken

Hendrick Ehlers

Lernen statt Pauken

Ein Trainingsprogramm für Erwachsene

Mit einem Geleitwort von Dr. Siegfried Lehrl

Augustus Verlag

Der Autor: Hendrick Ehlers ist Inhaber einer Agentur für Werbung und Kommunikation. Er ist darüber hinaus als Fachjournalist und als Trainer in der Erwachsenenbildung tätig, wobei ihm seine langjährigen Erfahrungen in der Fremdsprachen-Intensivausbildung zugutekommen. Er legt hier sein zweites Buch vor.

Das Werk einschließlich aller seiner Teile ist urheberrechtlich geschützt. Jede Verwertung außerhalb des Urhebergesetzes ist ohne Zustimmung des Verlages unzulässig und strafbar. Das gilt insbesondere für Vervielfältigungen, Übersetzungen, Mikroverfilmungen und die Einspeicherung und Verarbeitung in elektronischen Systemen.

Es ist deshalb nicht gestattet, Abbildungen dieses Buches zu scannen, in PCs oder auf CDs zu speichern oder in PCs/Computern zu verändern oder einzeln oder zusammen mit anderen Bildvorlagen zu manipulieren, es sei denn mit schriftlicher Genehmigung des Verlages.

Die im Buch veröffentlichten Ratschläge wurden von Verfasser und Verlag sorgfältig erarbeitet und geprüft. Eine Garantie kann dennoch nicht übernommen werden. Ebenso ist eine Haftung des Verfassers bzw. Verlages und seiner Beauftragten für Personen-, Sach- und Vermögensschäden ausgeschlossen.

Jede gewerbliche Nutzung der Arbeiten und Entwürfe ist nur mit Genehmigung von Verfasser und Verlag gestattet.

Bei der Anwendung im Unterricht und in Kursen ist auf dieses Buch hinzuweisen.

> Die Deutsche Bibliothek – CIP-Einheitsaufnahme
>
> Ehlers, Hendrick:
> Lernen statt pauken : ein Trainingsprogramm für Erwachsene /
> Hendrick Ehlers. – Augsburg Augustus-Verl., 1996
> ISBN 3-8043-3022-3

Lektorat: Dr. Marianne Jabs
Umschlaggestaltung: Christine Paxmann, München
Layout: Ilse Nowak, Weltbild Verlag, Augsburg

Augustus Verlag Augsburg 1996
© Weltbild Verlag GmbH, Augsburg

Satz: SatzTeam Berger, Ellenberg
Druck und Bindung: Interdruck Graphischer Großbetrieb GmbH
Gedruckt auf umweltfreundlich chlorfrei oder
elementar chlorfrei gebleichtes Papier.

ISBN 3-8043-3022-3

Printed in Germany

Inhalt

Geleitwort von Dr. Siegfried Lehrl   8

Vorwort   10

Einblicke in unser Denk- und Lernorgan

Warum wir so viel vergessen und warum Lernen oft so schwerfällt   11
Wer oder was ist schuld daran? Was kann man dagegen tun? Kann man Lernen überhaupt lernen? Und kann man lernen, leichter und schneller zu lernen und weniger zu vergessen?

Was unseren biologischer Computer so leistungsfähig macht   22
Wie ist das Gehirn aufgebaut, und was passiert in diesem Denkorgan? Gibt es ein absolutes Steuerzentrum? Kann man die grauen Zellen trainieren? Baut das Gehirn im Alter ab, ähnlich wie die Muskulatur?

Warum unser Großhirn zweigeteilt ist   39
Haben die einzelnen Großhinhälften unterschiedliche Aufgaben? Wenn ja, welchen Einfluß hat das auf das Denken und Lernen? Welche Hälfte ist entscheidend, die linke oder die rechte?

Wie Informationen im Gedächtnis haften bleiben   47
Gibt es einen zentralen Speicher? Bleiben alle aufgenommenen Informationen im Gedächtnis haften? Kann ich das Behalten von Informationen beeinflussen?

Was man mit Mnemo-Techniken erreichen kann   63
Sind Mnemo-Techniken nur etwas für Gedächtnis-Künstler, oder taugen sie auch für den Alltag? Gibt es besonders wirkungsvolle Varianten? Wenn ja, wie kann man sie erlernen?

Kommunikativ orientiertes Lernen

Ein Prozeß – drei Phasen   71
Ist diese Methode schnell erlernbar? In welchen Situationen kann man sie anwenden? Welcher Unterschied besteht zwischen dem Lernen einfacher Informationen und komplexer Sachverhalte? Was unterscheidet diese Art zu lernen von anderen Methoden?

Phase 1: Vermittlung und Aneignung   78
Wie kann man sich auf den dargebotenen Stoff konzentrieren? Was kann man tun,

damit man sich bereits in dieser Phase möglichst viel merken kann? Welche Methoden gibt es, um die Nachbereitung so kurz und so einfach wie möglich zu gestalten?

Phase 2: Festigung 99
Wie kann man diese Phase möglichst effektiv gestalten? Gibt es Übungen, die nicht langweilig und eintönig sind? Welchen Einfluß kann man bereits zu diesem Zeitpunkt auf anwendungsbereites Können nehmen?

Phase 3: Anwendung 111
Wie läßt sich anwendungsbereites Können zielsicher ausprägen? Welche Übungen sind hier geeignet? Wie kann ein direkter Bezug zur Praxis hergestellt werden?

Kommunikativ orientiertes Lesen: die drei Phasen in kompakter Form 118
Kann man kommunikativ orientiertes Lernen auch dann anwenden, wenn man sich den Stoff vorrangig durch Lesen selbst aneignen muß? Unterscheiden sich die einzelnen Phasen beim Selbst-Lernen gegenüber einer Teilnahme an Lehrveranstaltungen?

Kommunikativ orientiertes Fremdsprachen-Lernen (FSL)

Wieder drei Phasen – natürlich etwas anders 126
Welche Vorteile hat das kommunikativ orientierte Lernen im Fremdsprachenbereich gegenüber anderen Methoden? Ist es nur für bestimmte Sprachen anwendbar? Kann man es auch anwenden, wenn man allein lernt?

Phase 1: Vermittlung und Aneignung (FSL) 129
Was kann man tun, um sich von Anfang an voll auf den Stoff zu konzentrieren? Kann man diese Phase auch beeinflussen, wenn man an einem Kurs teilnimmt? Welche Unterschiede gibt es, wenn man allein lernt?

Phase 2: Festigung (FSL) 133
Wie kann man aus sturem Vokabel-Pauken einen aktiven und effektiven Lernprozeß machen? Kann man bereits in dieser Phase die Sprachfertigkeiten ausprägen? Welche Übungen sind dazu besonders geeignet?

Phase 3: Anwendung (FSL) 153
Muß man alle Sprachfertigkeiten gleichermaßen ausprägen? Welche Reserven liegen in einer differenzierten Herangehensweise auf diesem Gebiet? Welche Methoden gibt es, insbesondere das Sprechen auszuprägen, auch wenn man allein lernt?

Der Kurs ist beendet – was nun? 165

Wie kann man im Alltag die erworbenen Kenntnisse erweitern? Welche Methoden sind dazu geeignet? Was kann man tun, wenn man nur sehr wenig Zeit hat?

Zum Abschluß noch zwei ungewöhnliche Lerntips　171
Langweilige Vorträge – na und?
Die Sache mit dem Spickzettel.

Zusammenfassungen　181
Thesen zu den Themen Gehirn und Gedächtnis
Die drei Phasen des kommunikativ orientierten Lernens (allgemein)
Die drei Phasen des kommunikativ orientierten Fremdsprachen-Lernens

Literatur　186
Stichwortverzeichnis　187

Geleitwort

„Lernen statt Pauken". Ein Buch aus der Praxis für die Praxis. Ohne vollmundige Versprechungen und ohne Schnörkel. Deshalb vielversprechend für Menschen, die voll im Leben stehen, die in einer Informationsgesellschaft leben, welche ständig Um- und Weiterlernen fordert.
Herr Hendrick Ehlers ist durch seinen Beruf erfahren und ständig geprüft in „Sachen Lernen". Er weiß, was nicht nur für Schüler und Studenten, sondern auch für berufstätige Erwachsene notwendig und machbar ist. Und er will helfen, das individuell Machbare in der täglichen Situation auszuloten.
Die Notwendigkeit muß vielen nicht mehr begründet werden. Sie wissen, sie müssen sich weiterbilden, sie müssen sich umschulen lassen, und sie müssen offen bleiben für zukünftige Veränderungen im Beruf und im Alltag. Denn Lernen und Weiterlernen gehören inzwischen zum Handwerkszeug von Personen, die in unserer Gesellschaft leben, überleben und gut leben wollen.
Aber wo lernt man, wie man lernt und weiterlernt? Es gehörte kaum zum Lehrstoff der Schulen, Fachhochschulen und Hochschulen, für viele auch nicht zum geistigen Rüstzeug, das einem die Familie mit auf den Weg ins Erwachsenenleben gab. In dieser Lage bietet sich seit wenigen Jahren der Buchmarkt an. Er hält Dutzende von Büchern mit Versprechungen bereit, unerfüllbaren und erfüllbaren. Doch wie soll man die Spreu vom Weizen trennen? Eine kleine Hilfe: Lockungen mit Versprechungen, vollkommen zu werden, Titel mit Vorsilben wie „Super", „Mega" oder gar „Giga" mahnen zur Vorsicht. Herr Ehlers warnt ebenfalls vor den vielen „schwarzen Schafen, die mit vollmundigen Versprechungen Super-Kurse und Super-Materialien anbieten."
Er selbst bietet seine Hilfe an, vertrauenswürdig und sachkompetent. Diese Hilfe kommt aus der Praxis des Berufs und Alltags, wo man am meisten lernt, insbesondere auch in der Kommunikation. Deshalb sind die Vorschläge so praktikabel und erfolgversprechend. Gerade weil sie nicht aus künstlichen Laborsituationen stammen und ebensowenig für künstliche alltagsfremde Lernsituationen geschaffen wurden, unterschätzt man leicht, daß die Hinweise und Vorschläge von Herrn Ehlers wissenschaftlich begründet sind. Schon die ersten Seiten, die Einblicke in das Gehirn geben, belegen das.
Das Buch „Lernen statt Pauken" ist sehr ernst zu nehmen. Es zeigt einfache und häufige Lernsituationen und -methoden aus Beruf und Alltag auf, die rasch einsichtig machen, warum hier der Hebel für effektives Lernen anzusetzen ist, ein Lernen

ohne Büffeln, ohne Schinderei, ein Lernen, das oft wie nebenher läuft. Gerade deshalb so wirksam.

Auch das Buch selbst soll nicht belasten, sondern weitgehend anstrengungslos das für das tägliche Lernen benötigte Wissen vermitteln. Es ist unterhaltsam und sehr verständlich geschrieben. Es ist offen und ehrlich und bietet sich an wie eine Unterhaltung zu einem wichtigen Problemfeld in Beruf und Alltag. Eine Unterhaltung, in die der Leser als Teilnehmer manchmal schon Vorkenntnisse einbringt, in der er manchmal jedoch auch wenig weiß. Auf welchen Gebieten dies ist, hängt von der individuellen Vorgeschichte ab. Über welches Gebiet er augenblicklich besonders intensiv informiert werden möchte, legen seine momentane Situation und Verfassung fest. Deshalb ist er ganz im Sinne des Autors aufgefordert, da mit dem Buch zu beginnen, wo es seinen aktuellen Interessen entgegenkommt: am Anfang bei den Grundlagen von Gehirn, Denken und Lernen, in der Mitte bei den Tips und Hinweisen, wie man sich komplexe Stoffgebiete aneignet und auswertet, oder am Schluß beim Fremdsprachenlernen. Bereits diese Vorgabe von Herrn Ehlers, nicht streng diszipliniert von Anfang zum Schluß vorzugehen, öffnet den Weg zum freudvollen und gerade deshalb effektiven Lernen.

Ich wünsche dem Buch viel Erfolg und dem Leser einen echten Gewinn für sein Leben.

Erlangen, im April 1996 Dr. Siegfried Lehrl

Vorwort

Hilfe, meine Firma wird umstrukturiert. Was sich schon lange abgezeichnet hat, wird jetzt Wirklichkeit. Ich muß wieder die Schulbank drücken, muß mich weiterbilden und mich auf vollkommen neue Technologien umschulen lassen. Will ich ja auch, aber mit dem Lernen hatte ich schon immer so meine Probleme. Das meiste mußte ich mir mühsam erarbeiten und habe es dann wieder viel zu schnell vergessen. Ich kann mir wichtige und komplizierte Dinge einfach schlecht merken. Und jetzt hängt viel davon ab, ob ich den Kurs erfolgreich absolviere oder nicht.
Kennen Sie solche Vorstellungen und die damit verbundenen Probleme und Ängste? Wenn ja, dann kann Ihnen dieses Buch wahrscheinlich helfen. Dabei ist es unerheblich, ob Sie vor einem betrieblichen Weiterbildungs-Kurs stehen oder aus privatem Interesse eine Fremdsprache lernen wollen.
Das Buch untergliedert sich in drei Teile. Wenn Sie neugierig sind, was beim Denken und Lernen in Ihrem Gehirn abläuft, dann beginnen Sie ganz normal mit dem ersten Teil. Er vermittelt die nötigen Einblicke in Ihr Denk- und Lernorgan und macht Sie mit neuen Erkenntnissen vertraut.
Wollen Sie sich dagegen sofort mit neuen, effektiven Lerntechniken vertraut machen, dann steigen Sie im zweiten Teil ein. Hier finden Sie Tips und Hinweise, wie Sie sich vor allem *komplexe Stoffgebiete* aneignen können. Mehr noch: Es geht vor allem darum, dieses Wissen auch in *anwendungsbereites Können* umzuwandeln.
Der dritte Teil ist dem Fremdsprachen-Lernen vorbehalten. Er schließt sich nahtlos an die zuvor beschriebenen methodischen Schritte an.
Vielleicht interessiert Sie danach ja doch noch die Frage, was eigentlich Ihren biologischen Computer so enorm leistungsfähig macht. Genau das finden Sie im ersten Teil.
Und wenn Sie einen schnellen Überblick suchen, studieren Sie die Zusammenfassungen der drei Teile des Buches, die Sie auf den Seiten 181–185 finden. Danach können Sie sich aussuchen, welcher Teil Sie am stärksten interessiert, und mit dem anfangen.

Einblicke in unser Denk- und Lernorgan

Warum wir so viel vergessen und warum Lernen oft so schwer fällt

Wer oder was ist schuld daran? Was kann man dagegen tun? Kann man Lernen überhaupt lernen? Und kann man lernen, leichter und schneller zu lernen und weniger zu vergessen?

Wie viele Menschen gern eine Antwort auf diese Fragen hätten, läßt sich wohl kaum exakt feststellen. Aber es sind sicher sehr viele. Dabei leben wir in einer Zeit, in der sich das *Wissen der Menschheit praktisch alle sieben Jahre verdoppelt*. Lernen dürfte also mehr als angesagt sein. Allein, die meisten unter uns haben es nicht gelernt zu lernen. Oder sie haben damit schlechte Erfahrungen gemacht. Und genau die prägen sich ja am nachhaltigsten ein.

Glücklicher sind die, die sich gern an ihre Schulzeit erinnern, die gute Lehrer hatten und für die das Lernen zu einem Bedürfnis geworden ist. Oder denen es zumindest nicht schwerfiel. Diese beneidenswerten Menschen scheinen über etwas zu verfügen, was die anderen nicht haben. Eine Fähigkeit, die nicht selten mit solchen Begriffen wie *klug*, *intelligent* oder *begabt* beschrieben wird.
Und die, auf die das nicht zutrifft, sind dann eben die *Dummen* oder die *Faulen*, bestenfalls noch die *weniger Begabten* oder nicht *ganz so Intelligenten*.

Ist die Welt wirklich in Kluge und Dumme aufgeteilt?

Das Schlimmste an dieser „Zweiteilung" ist, daß die Fähigkeit, schnell und gut oder eben langsam und schlecht zu lernen, von den meisten Menschen gewissermaßen als angeboren und damit unabänderlich angesehen wird. Und gerade das ist sie eben nicht. *Lernen kann man lernen* – wie Fahrradfahren, Schwimmen oder Klavierspielen. Diese Tatsache ist erwiesen.

Jetzt werden Sie sagen, alles klar, habe ich es doch gewußt, auch hier wird mir nur wieder etwas vorgegaukelt, was letztlich doch nicht funktioniert. Ich kann nämlich nicht Klavier spielen. Ich war schon immer unmusikalisch, und Schwimmen kann ich auch nicht besonders gut. Lediglich Fahrradfahren macht mir Spaß. Ganz besonders am Wochenende mit der Familie. Und genau bei diesen Überlegungen wollen wir ein wenig nachhaken.

Wie war das denn mit dem Fahrradfahren?

Wir lernen schnell, wenn wir Spaß haben!

Hat Ihnen das schon immer Spaß gemacht? Ja, werden Sie jetzt wahrscheinlich sagen. Schon als kleines Kind, als wir noch Fahrräder mit Rücktritt- und Latschenbremse hatten und nicht diese inzwischen fast sündhaft teuren „Bikes", bin ich gern geradelt. Aber hat es Ihnen auch im vergangenen Jahr an diesem Novembertag Spaß gemacht, als es noch bei schönstem Sonnenschein losging und Sie später in einen häßlichen Schneeregen geraten sind? So richtig mit Sturm und allem, was dazugehört? Nein, an diesem Tag sicher nicht. Aber Sie haben wieder damit angefangen, trotz des Schnupfens, den Sie sich damals geholt haben.

Sie merken sicher schon, worauf diese Fragen hinauslaufen. Dinge, die leicht zu beherrschen sind und die uns als Hobby auch noch Spaß machen, erlernen wir schneller, ja fast spielend. Und nicht nur das. Wir verlernen sie auch fast nie. Gerade weil wir sie so gut können und weil sie uns Spaß machen, betreiben wir sie ja ständig und das noch aus eigenem Antrieb.

Klar. Was man leicht lernt, verlernt man kaum...

Ein Verlernen oder Vergessen ist da fast unmöglich. Erst im Alter, wenn die Kräfte allmählich nachlassen, wird es schwerer. Dann verläßt einen nicht nur der Mut, dann scheint man auch Fertigkeiten wie das Radfahren zu verlernen, obwohl man das früher so gut beherrscht hat. Stimmt. Aber selbst diesen Prozeß kann man durch Training, gesunde Lebensweise und ein wenig Überwindung doch beachtlich hinauszögern.

... aber warum fällt es schwer, manche Dinge zu lernen?

Andere Dinge wiederum – nehmen wir nur einmal das Beispiel Schwimmen – können manche Menschen nicht so gut.
Vielleicht haben sie nicht lange genug geübt, oder sie hatten keine Möglichkeit dazu. Vielleicht haben sie es aber auch gar nicht auf die richtige Art und Weise gelernt. Manche werden vielleicht sagen, Schwimmen ist nur etwas für junge Menschen.

Muß man also doch nur richtig pauken?

Spielt das Alter eine Rolle?

Aber schauen Sie sich dazu doch einmal in den Schwimmbädern genauer um. Es gibt immer mehr Ältere, die regelmäßig und gern schwimmen und die manchem Jüngeren noch etwas vormachen. Nicht mehr in der Geschwindigkeit, aber in der Ausdauer und in der Regelmäßigkeit. Und so wird heute wohl niemand mehr ernsthaft bezweifeln, daß man das Schwimmen erlernen und auch mit Freude praktisch (noch) bis ins hohe Alter betreiben kann.
Befragen Sie doch einmal Ihr Gewissen. Hätten Sie mit etwas mehr Fleiß nicht auch mehr erreicht? Ganz sicher. Aber warum haben Sie nicht mehr Engagement an den Tag gelegt, um vielleicht eine

Fremdsprache noch besser zu lernen? Oder warum hat das Verkaufs-Seminar, das Sie mit so viel Elan begonnen hatten, nicht den gewünschten Erfolg gebracht?

> Dann gibt es da aber noch Tätigkeiten, die man nun ganz gewiß nicht lernen kann oder vielleicht auch gar nicht lernen will. Zumindest ist das eine weit verbreitete Überzeugung. Nehmen Sie nur das Klavierspielen. Die meisten können das nicht. Wenn sie es jemals versucht haben sollten, hatten sie schnell das Gefühl, daß sie dazu nicht geeignet sind. Ging Ihnen das auch schon mal so? Und sind Sie jetzt auch sicher, daß Sie ganz bestimmte Fertigkeiten wirklich nicht erlernen können?

Ein bißchen Ursachenforschung ...

Wenn das Wörtchen „Wenn" nicht wär´...

Stellen Sie sich doch einfach ein paar Gegenfragen. Hätten Sie sich mehr bemüht, wenn Ihnen der Unterricht mehr Spaß gemacht hätte? Wenn der Lehrer mehr auf die Probleme der Kursteilnehmer und natürlich insbesondere auf Sie eingegangen wäre? Oder hätten Sie den Kurs zu Ende gebracht, wenn Sie von seinem Erfolg wirklich überzeugt gewesen wären? War es nur die Zeit, die Ihnen zum Nachbereiten des Stoffes gefehlt hat? Diese Fragen könnten Sie bis ins Unendliche fortsetzen. Und sicher werden Sie sagen: Ja, wenn alles optimal gelaufen wäre, dann ...

... und was wir selbst tun können

... trotz allem:
Es lassen sich immer Lösungen finden!

Aber genau das ist der Knackpunkt. Es läuft eben nicht immer optimal. Und unsere Möglichkeiten, das grundsätzlich zu ändern, sind äußerst begrenzt, ja manchmal gar nicht vorhanden. Wir müssen also eine Basis finden, die uns ermöglicht, uns in allen Situationen, auf die wir treffen, zurechtzufinden. Und wir müssen Methoden entwickeln, mit deren Hilfe wir aus allem – selbst aus einem verkorksten Kurs – noch ein Optimum herausholen. Ein guter Vorsatz, oder?

Warum Lernen oft so schwer fällt

Aber den hatten Sie auch schon. Und es hat trotzdem nicht geklappt. Sie haben also schon alles versucht. Nichts hat richtig funktioniert, und Sie haben die Hoffnung aufgegeben. Nicht ganz. Denn sonst hätten Sie ja nicht zu diesem Buch gegriffen. Sonst würden Sie sich nicht wieder und immer wieder motivieren, etwas Neues zu beginnen oder sich bewußt weiterzuentwickeln.

Also: Die Hoffnung nie aufgeben

Im Prinzip lernt der Mensch ein Leben lang

Und gerade dieses Bestreben ist so unglaublich fest in unserem Innersten verankert, daß es in letzter Konsequenz durch nichts zu zerstören ist. Nicht durch Mißerfolge, nicht durch schulmeisternde Lehrer oder hochmütige Chefs, nicht durch noch so schlechte Bedingungen.

> Der Drang, die Welt zu erkennen, sie zu begreifen, ist es nämlich, der uns aus dem Reich der Tiere heraushebt.

Während niedere Lebewesen ihr ganzes Sein darauf ausgerichtet haben zu überleben, können Sie bei höheren Lebewesen bereits eindeutig die Fähigkeit feststellen, bestimmte Verhaltensweisen zu erlernen. Diese Fähigkeit hängt bei den höher entwickelten Tieren mit ihrem besser entwickelten Gehirn zusammen. Wobei die Ausbildung dieses Organs im Laufe der Jahrmillionen mit dem Zwang, sich den veränderten Lebensbedingungen anzupassen, einherging. Und wer das schließlich konnte, der stand auch in der ersten Reihe, als Noah all die Tiere auf seine Arche rief.

Veränderte Lebensbedingungen „zwingen" zum Lernen

Wir können gar nicht anders:
Wir müssen lernen ...

Der Mensch hat aber nicht nur gelernt, die niederen Instinkte wie das Essen oder das Wohnen besser als seine tierische Umwelt zu organisieren.

Unser Denk- und Lernorgan

In seiner Entwicklung als „Gesellschaftstier" hat er auch das ausgeprägt, was man abstraktes Denken nennt. Er hat das leistungsfähigste Kommunikationsmittel – die Sprache – entwickelt. Er hat Begriffe wie Moral und Ethik als Ergebnis bestimmter Verhaltensweisen geprägt – auch wenn diese Begriffe nur allzu unterschiedlich ausgelegt werden. Er hat gelernt, nicht nur Gefühle zu haben, sondern diese auch auszudrücken, in Worten etwa, in Gedichten, in Bildern oder in der Musik.

Wenn wir die Entwicklung der Tierwelt und insbesondere unsere Menschwerdung betrachten, dann kommen wir zu einem interessanten Ergebnis: Die Fähigkeit der Gattung Mensch, geistig auf veränderte Umweltbedingungen zu reagieren, haben wir ganz offensichtlich in unseren Erbanlagen gespeichert. Wir sind also quasi von Hause aus in der Lage zu lernen. Und nicht nur das. Wir sind sogar dazu bestimmt, lernen zu müssen. Das ist unserer Gattung offensichtlich genau so eigen wie der Drang zum Luftholen, zum Essen und zum Trinken.

Angeborene Fähigkeiten sind kein Schicksal ...

Jetzt sind wir also doch wieder da, wo wir schon einmal waren. Bei den angeborenen Fähigkeiten, mit denen ja jeder so wunderschön und schnell erklären kann, daß er einfach nicht so gut ist wie andere. Denn die Menschen sind nun einmal unterschiedlich. Es gibt die Großen und die Kleinen, die Starken und die Schwachen.

Menschen sind von Geburt an unterschiedlich

Ganz richtig. Mal abgesehen davon, daß körperliche Kraft eine Frage des Trainings ist, besitzt der Mensch an sich ja gerade die Fähigkeit, bestimmte Nachteile seiner Art (aber dann auch seiner Person) auszugleichen. Unter anderem deshalb entwickeln kleine Menschen oftmals einen ganz besonderen Ehrgeiz auf allerlei „nichtkörperlichen" Gebieten. Warum auch nicht? Dieses Verhalten ist einfach menschlich und keinesfalls abwegig.

... es kommt darauf an, was man aus ihnen macht!

Im übrigen soll es ja auch gar nicht darum gehen, auf jedem Gebiet der Beste zu sein. Das wäre unrealistisch. Denn natürlich gibt es bestimmte, z.B. körperliche Voraussetzungen, die einen Menschen befähigen, schneller zu laufen oder zu schwimmen als andere. Es geht aber sehr wohl um die Fähigkeit der Menschen, das Schwimmen zu erlernen. Und natürlich darum, dies durch richtiges Training zu einer Perfektion zu bringen, die dem wirklichen Leistungspotential entspricht. Denn nur für einen Leistungssportler ist es wichtig, die 100 m Freistil in ca. 50 Sekunden zu schwimmen.

Angeborene Unterschiede lassen sich ausgleichen

Beim Sport weiß jeder, daß Training sinnvoll ist

Für Laien sind zwei Minuten eine Zeit, die für diese Strecke vollkommen normal ist. Sie könnten diese Leistung aber, optimale Bedingungen und festen Willen vorausgesetzt, beachtlich verbessern. Und wenn dann noch ein Toptrainer dazukommt, der trainingsmethodisch gut drauf ist, vielleicht kommen dann sogar 60 Sekunden heraus. Oder sogar noch weniger.

Selbst, wenn es nur eine Minute und 30 Sekunden werden: Die Leistung wird besser. Das wissen Sie schon jetzt, ohne es selbst ausprobieren zu müssen. Und dieser Zeitgewinn ist ein lohnenswertes Ziel. Denn erstens sind Sie besser als der allgemeine Durchschnitt, und zweitens ist Schwimmen ja nicht Ihr Beruf oder Ihre Hauptbeschäftigung. Soweit auch klar. Ohne Fleiß kein Preis, werden Sie jetzt sagen. Aber dieser Fleiß, das viele Training oder das Lernen heißt eben auch, sich anzustrengen, bedeutet Verzicht auf so viele schöne Dinge. Oder?

Training = Streß und Anstrengung?

Unser Denk- und Lernorgan

Wissen Sie noch, wie gern Kinder lernen?

Denken Sie hier doch einfach mal an Ihre Kindheit zurück. Und zwar an die ganz frühe. Natürlich werden Sie sich nicht mehr erinnern, was Sie mit acht Monaten oder anderthalb Jahren gedacht und gefühlt haben. Für dieses kleine Experiment brauchen Sie sich nur einmal Kinder in Ihrer Umgebung anzuschauen.

Achten Sie dabei einmal auf die Intensität, die die Kleinen an den Tag legen, wenn sie ihre Umwelt erleben und begreifen. Wie sie versuchen, wieder und immer wieder nach einem Ball zu greifen oder einen Turm zu bauen, der dann doch immer wieder umfällt. Allein die Ausdauer wäre schon bemerkenswert. Aber mehr noch. Unsere Kinder erleben dabei durchaus angenehme Gefühle.

Lernen: Am Anfang freud- und lustbetont ...

Denken Sie nur an ihr wonnevolles Plappern oder ihre leuchtenden Augen, wenn der Turm nach dem zehnten Versuch, wenn auch ein wenig schief, endlich stehenbleibt. Es sind aber nicht nur die ganz Kleinen, die beharrlich und mit wahrer Freude ihre Umwelt entdecken. Wer eigene Kinder hat, kann sich sicher noch an die „Warum-Phase" erinnern. Es wurde buchstäblich alles hinterfragt. Warum? Weil Kinder es eben wissen wollen! Und nicht etwa sollen oder müssen.

Warum viele Erwachsene so ungern lernen

... wird später mühsam abtrainiert

Und was wird daraus? Verschwindet diese Fähigkeit im Alter von allein? Nein, viel schlimmer: Sie wird mühsam abtrainiert! Das „Lernen-wollen" wird unterdrückt. Im Kindesalter schon durch all die: *Laß das! Das kannst du noch nicht, dafür bist du*

Diese Phasen in der Entwicklung eines Menschen zeigen, daß das Lernen – und damit ist das „Lernen-wollen" gemeint – nicht nur etwas ganz Natürliches ist, sondern Spaß macht und Freude bereitet.

noch zu klein! Hör mit deiner albernen Fragerei auf! Selbst wenn heute schon viele Eltern auf eine ganz andere Art und Weise auf ihre Kinder eingehen, als sie es selbst von ihren Eltern gewohnt waren, dann bleibt immer noch das Schul- und Ausbildungssystem. Und das ist, zumindest von der Wirkung her, immer noch die pure „Wissensvermittlungs-Anstalt", die schon unseren Eltern das „Lernen-wollen" abtrainiert hat.

In der Schule nichts Neues

Darüber können uns auch nicht die vielen schönen neuen Lehrbücher und die modern ausgestatteten Fachräume hinwegtäuschen. Auch der neue Lehrertyp, der eigentlich gar nicht mehr wie der Pauker von früher aussieht, bringt es noch nicht. Dabei muß heute an den Schulen mehr Wissen als früher vermittelt werden. Denken Sie nur an die modernen Wissenschaften, Mathematik, Physik, Chemie, Informatik usw. Aber bleibt dieses Mehrwissen denn auch „hängen"? Können es unsere Schüler für ihren Beruf oder ihr Leben anwenden?

Was für die Grundschule gilt ...

> Die gleichen Fragen wie noch vor 50 oder 100 Jahren. Trotz aller Reformen im Schulwesen. Die Schule bietet zwar eine immer größer werdende Menge an Wissen an. Sie hat es bis heute aber nicht geschafft, den Schülern das nötige Handwerkszeug zum Lernen zu vermitteln. Das Problem ist nur: Wir sind alle Produkte dieses Systems und müssen, obwohl im Ergebnis damit unzufrieden, dieses System auch noch unseren Kindern antun.

Erstaunlich nur: Der Lernwille bleibt lange Zeit ungebrochen. Selbst wenn die Kinder in der Schule durch erfolglose Lernversuche schlechte Erfahrungen gemacht haben, können sie sich immer wieder motivieren. Oder wie sonst könnte man erklären, daß selbst schlechtere Schüler sich mit Feuereifer auf neue Fächer stürzen, in der Hoffnung, daß mit diesem Fach (endlich) wieder alles besser wird? Woher kommen die überragenden Fertigkeiten, die

... gilt auch für Berufsschule und Uni

Kinder an einem Computer entwickeln? Ganz abgesehen davon, daß sie die Programme viel schneller erfassen als Erwachsene? Sie können mit einem PC unbestreitbar viel besser umgehen. Warum? Weil ihr Wille, die Welt zu begreifen, zwar schon erheblich geschwächt wurde, aber immer noch stark genug ist, sich für Interessantes und Neues selbst zu motivieren.

Jedes Gebiet eine neue Chance?

... und setzt sich später fort

Wenn der über ein Jahrzehnt abtrainierte Schüler dennoch seinen Abschluß, vielleicht sogar das Abitur schafft, ist das in den meisten Fällen das Ergebnis einer üblen Paukerei und nicht so sehr das Ergebnis einer freudbetonten Tätigkeit. Die letzte Hoffnung auf Besserung wird dann auf die Berufsausbildung oder gar auf ein Studium gelegt. Denn das kann ja nicht weltfremd theoretisierend oder sonstwie langweilig sein!

Überall dieselbe Plackerei

Doch auch hier: Nichts als Enttäuschungen. Die Berufsschule ist lediglich die Fortsetzung dessen, was unser armer Schüler schon kennt. Und was hat man sich nicht alles von der Hochschule oder gar der Universität versprochen! Und jetzt das: stundenlange Vorlesungen, bei denen man nichts versteht, und Seminare, die auch nicht mehr für Aufklärung sorgen. Assistenten, die nur an ihre Karriere denken, und Professoren, die man gar nicht erst zu Gesicht bekommt. Vielleicht liegt es ja auch an der gewählten Studienrichtung oder am gerade vermittelten Stoff? Wohl kaum. Dann wären wir nämlich wieder bei der selben Erkenntnis, die unser Schüler schon in der Grundschule hatte und die ihn auf die neuen Fächer hoffen ließ.

Trotz alledem –
Es funktioniert doch!

Irgendwie wurde aber auch das geschafft. Die einen haben es mit viel Mühe, unendlichem Fleiß und Entbehrungen sogar zu einem ganz passablen Abschluß gebracht. Andere sind gerade (noch) so durchgerutscht. Nur wenigen ist es gelungen, ohne allzu große Anstrengungen, zu einem Topzeugnis zu kommen. Aber das waren ja wohl die anfänglich schon beschriebenen Genies und Intelligenzbestien. Dabei haben sich diese Glücklichen lediglich etwas antrainieren können, was weder durch Personen in ihrem Umfeld, noch durch die Institution Schule zerstört werden konnte.

> Sie haben sich – entweder unbewußt oder durch eine Reihe von Glücksumständen – ein System effektiver Lernmethoden geschaffen. Und um genau diese Methoden, die manche zufällig entdecken, wird es im weiteren gehen.

Egal, ob beruflich oder privat

Die Empfehlungen und Hinweise in diesem Buch sind vorrangig auf erwachsene Lerner ausgerichtet. Dabei ist es unerheblich, ob ein betrieblicher Weiterbildungs-Kurs vor Ihnen liegt, der an feste Zeiten und ein Programm gebunden ist, oder ob Sie sich aus freien Stücken in Ihrer Freizeit an etwas Neues heranwagen.

Wissen Sie, was in Ihrem Gehirn vorgeht?

Dabei beginnen wir ganz bewußt mit einen kleinen Exkurs in das Innere unseres Gehirns. Einmal interessieren sich erwachsene Lerner oft sehr stark für diese Prozesse. Zum anderen macht die moderne Wissenschaft gerade in der letzten Zeit bei der Erforschung, was da beim Denken und Lernen in unserem Kopf abläuft, enorme Fortschritte. Diese neuen Erkenntnisse stellen nicht mehr den Experten als das Sinnbild der Intelligenz in den Mittelpunkt der Betrachtung. Für sie ist klar, daß sich der Mensch in seiner Umwelt beständig neu orientieren muß und auch kann. Nicht die hohe Stufe eines bestimmten Wissensbereiches ist interessant. Vielmehr ist es die Fähigkeit, sich immer wieder auf neue Anforderungen einzustellen.

Neueste Erkenntnisse beim Denken und Lernen

Unser Denk- und Lernorgan

Es geht um Wissen und Können!

Diese Methode kann jeder anwenden

Also noch einmal: *Jeder Mensch kann lernen.* Und genau das ist der Ansatz, auf dem wir bei der Entwicklung effektiver Lernmethoden für Erwachsene aufbauen. Wobei es hier nicht um das bloße Aneignen von Wissen geht, das lediglich fürs Studierstübchen gut ist. Es geht vielmehr um die Ausprägung von Fertigkeiten, die jeder im täglichen Leben nutzen kann. In Gesprächen mit Freunden und Verwandten, im Dialog mit Kollegen und Verhandlungspartnern oder beim „Schularbeiten-Machen" mit den eigenen Kindern.
Und es soll um Methoden gehen, dieses Wissen und Können schnell und mit möglichst geringem Aufwand zu erwerben.

Was unseren biologischen Computer so leistungsfähig macht

Wie ist das Gehirn aufgebaut, und was passiert in diesem Denkorgan? Gibt es ein absolutes Steuerzentrum? Kann man die grauen Zellen trainieren? Baut das Gehirn im Alter ab, ähnlich wie die Muskulatur?

Dazu gleich noch eine Frage. Würde es uns überhaupt helfen, wenn wir wüßten, was in dieser grauen Masse beim Denken oder beim Lernen abläuft? Warum eigentlich nicht? Wir wissen doch auch immer genauer darüber Bescheid, was mit unserem Körper, also z.B. den Muskeln oder dem Kreislauf geschieht, wenn wir Sport treiben. Und je mehr wir darüber wissen, vor allem, je besser wir unser Leben oder unser physisches Training darauf abstimmen, um so leistungsfähiger werden wir. Was spricht also gegen einen Exkurs in unser Gehirn, um die Denk- und Gedächtnisprozesse ein wenig zu hinterleuchten und auf dieser Wissensgrundlage ein geistiges Training aufzubauen?

Der Gedanke und der Wunsch, in das Innerste unseres Gehirns hineinschauen zu können, ist so alt wie die menschliche Zivilisation. Davon zeugen z.B. Schädeltrepanationen aus dem Altertum. Hier versuchte man, mit einem Bohrer (dem Trepan) zu dem Teil des Körpers vorzudringen, von dem man schon damals annahm, daß er für das Verhalten und die Moral eines Menschen verantwortlich ist. Ungeachtet dieses frühen Beginns konnte die Hirnforschung aber erst gegen Ende des vorigen, zu Anfang unseres Jahrhunderts ernstzunehmende Erfolge verzeichnen.

Mit dem Trepan in das Innere unseres Schädels ...

Das Gehirn: Eine Landkarte...?

Daß das Gehirn nicht in seiner Gesamtheit für die Steuerung des menschlichen Verhaltens verantwortlich ist, war inzwischen bekannt. Wissenschaftler begaben sich von nun an also auf die Suche nach den Bereichen, die im Gehirn für die Steuerung der Bewegungen, für das Denken, für die Moral usw. zuständig sind. Und sie wurden fündig.

So konnten der Franzose Pierre Broca und der deutsche Psychiater Carl Wernicke Bereiche in der linken Großhirnrinde des Menschen ausmachen, die ganz offensichtlich für das Sprechen zuständig sind. Broca behandelte damals einen Patienten, der nur eine Silbe aussprechen konnte. Als der Mann starb, konnte Broca nach Öffnung des Schädels eine deutlich lokalisierbare Verletzung an einer Stelle in der linken Hirnrinde ausmachen. Broca hatte das motorische Sprachzentrum entdeckt.

Broca und Wernicke finden „Sprachzentren"

Rechtshänder „sprechen" linkshirnig

Wernicke fand bei einem Patienten, der alles nachsprechen konnte, aber nie den Sinn eines Wortes verstand, gleichfalls in der linken Hirnrinde (wenn auch an einer anderen Stelle) eine Verletzung. Dieses Zentrum wird als sensorisches oder akustisches Sprachzentrum bezeichnet. Mit der Lokalisierung dieser Zentren war der erste Schritt zum Ausmalen der großen „Gehirn-Landkarte" getan, auf der es von nun an zunehmend weniger weiße Flecke geben sollte.

> Übrigens sind diese Zentren in der linken Hälfte unseres Gehirns bis auf wenige Ausnahmen bei Rechtshändern zu finden. Bei Linkshändern sind sie dagegen meist auf der rechten Seite nachzuweisen. Andere Konstellationen sind eher die Ausnahme und wahrscheinlich darauf zurückzuführen, daß es sich dann nicht um „echte" Rechts- oder Linkshänder handelt.

Können wir sprechen, weil wir greifen können?

Menschliche Sprache eng mit manuellen Fähigkeiten verbunden

Diese enge Verbindung zwischen dem Sprachzentrum und der jeweils präferierten Greifhand ist entwicklungsgeschichtlich interessant. So ist die Entwicklung der Sprache als ein entscheidendes Merkmal, das den Menschen aus dem Tierreich heraushebt, wahrscheinlich sehr eng mit der Entwicklung seiner manuellen Fähigkeiten und Fertigkeiten verbunden gewesen.

Wenn wir gerade von einer Gehirn-Landkarte mit ihren weißen Flecken gesprochen haben, stoßen wir allerdings an eine Grenze. Es geht natürlich nicht um flächenhafte Ausdehnungen, die wir uns vorzustellen haben, sondern um räumliche Gebilde und Erscheinungen. Diese manifestieren sich zunächst einmal in einer Art Makrokosmos – in deutlich voneinander abgrenzbare Gehirnregionen. Und wenn wir in noch kleinere Bereiche vorstoßen, bewegen wir uns in einem Mikrokosmos, der von unterschiedlichsten Nervenzellen gebildet wird.

Zwei Hälften, ein Balken...

Kommen wir zunächst zum Makrokosmos. Dazu wollen wir uns unserem Gehirn und seinen Geheimnissen von oben her nähern. Was den Laien nach Öffnen des Schädels stark an eine Walnuß erinnert, die ähnlich gefurcht und zweigeteilt aussieht, ist die Oberfläche des Groß- oder Endhirnes. Es setzt sich aus einer *rechten und einer linken Hemisphäre* und der sogenannten Basis zusammen. Beide Hälften sind über den *Balken* miteinander verbunden.

Großhirn: unterteilt in rechte und linke Hemisphäre

...und mehrere Quadratmeter „Denkfläche"

Die walnußartige Ausformung durch Furchen und Windungen ist ein geschickter Trick der Natur. Dadurch wird – ähnlich wie bei anderen Organen, z.B. den Lungenbläschen – die Oberfläche des Gehirns auf ein Vielfaches vergrößert. Ausgebreitet würde das eine Fläche von ca. $2,5\ m^2$ ergeben. In jeder Hemisphäre lassen sich sogenannte *Lappen* ausmachen, die nach ihrer Lage zu den Schädelknochen bezeichnet werden (Stirnlappen, Scheitellappen, Schläfenlappen, und Hinterhauptslappen).
Die Oberfläche des Großhirns, die sogenannte *Hirnrinde* (Kortex) wird von der grauen Rindensubstanz gebildet und ist nur wenige Millimeter stark. Hier laufen die Sinnesempfindungen (Denken, Fühlen, Sehen, Hören und Erinnerung usw.) ab. Dabei lassen sich in der Hirnrindenarchitektur Felder oder Zentren ausmachen, denen bestimmte Aufgaben zugeschrieben werden können. Trotz dieser „Aufgabenteilung" funktionieren diese Zentren aber nicht losgelöst voneinander. Sie sind alle in komplexe Prozesse eingebunden.

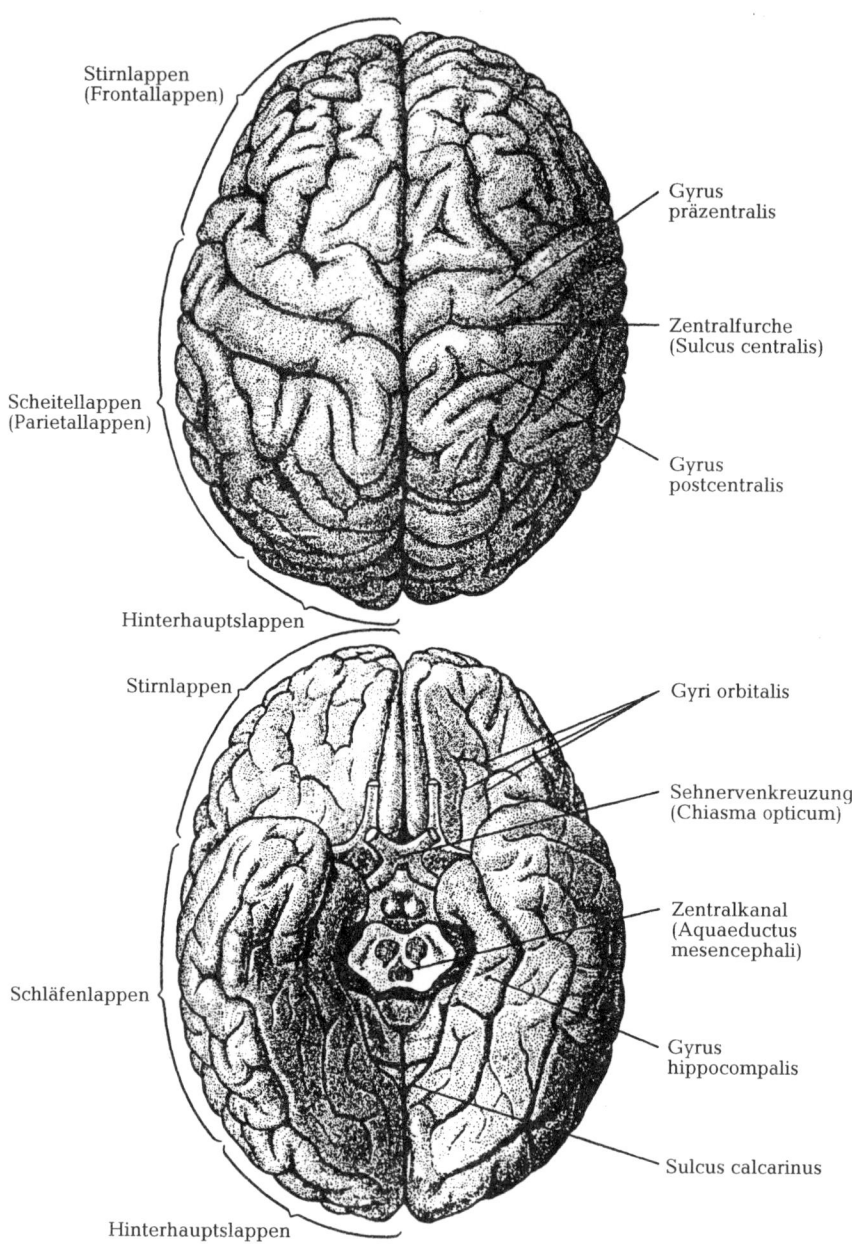

Das menschliche Gehirn: Ansicht von oben und unten

Unser biologischer Computer

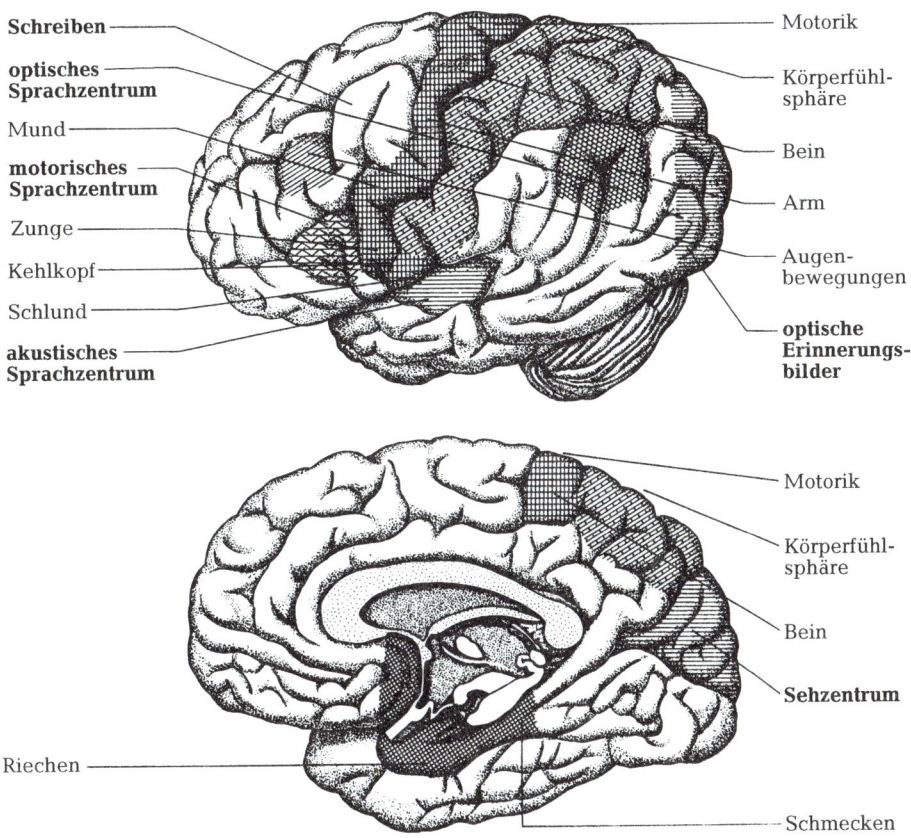

Sensorische und motorische Felder der Hirnrinde

Entwicklungsgeschichtlich rückwärts ...

Wenn wir uns jetzt in die Tiefe begeben, bewegen wir uns entwicklungsgeschichtlich rückwärts. Der „jüngere" Teil des Großhirns, der *Neokortex*, tritt erst bei den Säugetieren auf. Dem schließt sich der entwicklungsgeschichtlich „ältere" Teil, der *Allokortex*, an. Wenn wir weiter vordringen, stoßen wir auf einen alten Bereich des Großhirns, das sogenannte *limbische System*. Hier laufen höhere Funk-

Limbisches System: wichtig für's Gedächtnis und Lernen

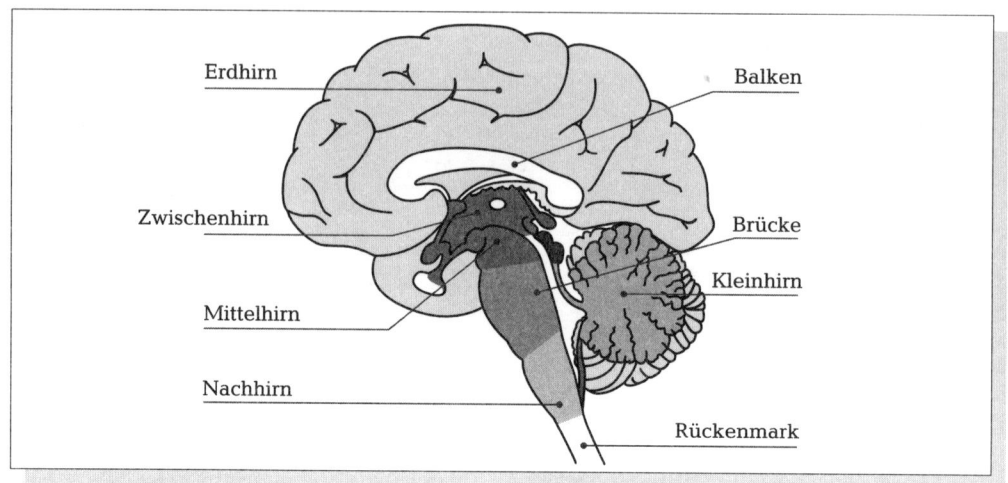

Abschnitte des Gehirns

tionen, wie z.B. Emotion und Motivation, Lernen und Gedächtnis ab.

Zwischen Groß- und Kleinhirn

Eingeschlossen vom Groß-bzw. Endhirn finden sich das *Zwischen-* und das *Mittelhirn*. Wichtige Bestandteile des Zwischenhirns: der *Thalamus* und der *Hypothalamus*. Der Thalamus ist Schaltstelle für Sinnesempfindungen und wird deshalb oft als „Tor zum Bewußtsein" bezeichnet. Hier werden aber auch Lust- und Unlustgefühle, Angst und Schmerz ausgelöst. Im kleinsten Hirnabschnitt, dem Mittelhirn, befinden sich wichtige Bereiche, die für die Regulierung der normalen Haltung des Menschen mitentscheidend sind.

Über die *Brücke* schließt sich das verlängerte Rückenmark oder *Nachhirn* an. Hier werden Atmung, Durchblutung und Verdauung gesteuert.

Wieder zwei Hälften

Deutlich vom Großhirn abgegrenzt ist das *Kleinhirn*. Auch hier finden wir die Unterteilung in eine linke und eine rechte Hemisphäre, die durch den sogenannten *Wurm* miteinander verbunden sind. Zusammen mit den Funktionen des Großhirns ist das Kleinhirn für die Regelung aller Bewegungen unseres Körpers verantwortlich. Fällt es durch Verletzung aus, kommt es zu schwersten Störungen beim Aufrechterhalten des Gleichgewichts und beim Ausführen willkürlicher Bewegungen (z.B. Gehen).
Die gesamte Kommunikation zwischen dem Gehirn und dem „Rest" unseres Körpers läuft über das Rückenmark.

Kleinhirn: Bedeutung eher groß

Was wir Denken nennen, ist neueren Datums ...

Aber zurück zu den eingangs gestellten Fragen nach den Denk- und Lernprozessen. Wenn Sie selber Haustiere haben oder welche beobachten können, werden Sie feststellen, daß es kaum gelingen wird, einer Schildkröte etwas beizubringen. Reptilien stehen auf einer ziemlich niedrigen Entwicklungsstufe. Sie verfügen fast ausschließlich über angeborene Verhaltensweisen und können nur äußerst bedingt lernen.

... als das System angeborener Verhaltensweisen

Wenn man das Gehirn einer Schildkröte mit einem Computer vergleicht, so könnte man sagen, daß sie fast nur über einen festprogrammierten Speicher verfügt (vergleichbar mit einem ROM, einem Nur-Lese-Speicher). Diese Art Speicher ist wie der gute alte Acht-Millimeter-Schmalspurfilm: nur zum einmaligen Aufnehmen (Speichern) von Bildern geeignet. Abspielen (lesen) können Sie ihn dann aber, so oft Sie wollen. So läuft das Leben einer Schildkröte hauptsächlich nach vorgezeichneten Rhythmen, Reaktionen und Verhaltensweisen ab.

Unser Denk- und Lernorgan

Höher entwickelte Tiere haben nicht nur einen festprogrammierten Speicher ...

Beim Haushund dagegen ist das schon ganz anders. Er verfügt nicht nur über ein entwickeltes limbisches System, sondern auch bereits über ein Großhirn. Sein Verhalten ist bereits deutlich von eigenen „Lernerfahrungen" gekennzeichnet. Und wenn Sie einmal erlebt haben, wie ähnlich ein Hund seinem Herrchen werden kann, verstehen Sie, was damit gemeint ist. Irgendwo zwischen Hund und Schildkröte wären dann wiederum die Hausgans oder das Meerschweinchen anzusiedeln. Sie repräsentieren unterschiedliche Entwicklungsstufen des Gehirns und damit auch unterschiedliche Lernfähigkeiten.

...sondern schon so etwas wie einen Arbeitsspeicher

Lernfähigkeit stark abhängig von der Gehirn-Hardware ...

Diese Tiere, insbesondere die Säugetiere, verfügen damit bereits über ein Gehirn, das neben einem festprogrammierten Speicher über einen Arbeits-Speicher verfügt (vergleichbar einem RAM, einem Lese- und Arbeits-Speicher). In diesen können Informationen und vor allem bestimmte Verhaltensweisen „hineingeschrieben" werden. Erst diese Verhaltensänderungen zeugen von wirklichem Lernen. Haben wir vorhin den ROM-Speicher mit einem Acht-Millimeter-Schmalspurfilm verglichen, so ist der RAM-Speicher eher eine Videokassette. Hier können immer wieder neue Informationen aufgespielt (gespeichert) und natürlich auch wieder abgerufen werden.

Doch erst der Mensch verfügt mit seinem entwickelten Gehirn nicht nur über den am höchsten entwickelten Arbeits-Speicher, er verfügt auch über sehr leistungsfähige Langzeit-Speicher. Solche Speicherarten sind den Festplatten eines Rechners ähnlich, die noch um weitere Speichermedien ergänzt werden können. Diese Rechnerarchitektur ermöglicht eine – im Vergleich zu den Rechnern der heutigen Generation – unvorstellbar große Speicherkapazität.

Aber nicht die enorme Speicherkapazität oder das Tempo einzelner „Schaltungen" machen das Gehirn des Menschen im Vergleich zum Tiergehirn oder im Vergleich zu leistungsfähigen Computern so einzigartig.

... letztlich entscheidet die Software

> All diese Erscheinungen sind erst möglich, weil der Mensch über eine geradezu ideale Software fügt: Diese ermöglicht es nämlich, einzelne Gehirnabschnitte zeitlich parallel miteinander zu vernetzen.

Die Vernetzung macht's also

Allein daraus ergibt sich eine ungeheure Steigerung der Leistungsfähigkeit unseres Gehirn-Computers. Von entscheidender Bedeutung ist dabei, daß die Verknüpfungen zwischen den Netzwerken immer wieder nach neuen Mustern gebildet werden können.

Nicht in irgendeinem „Zentralrechner" ist die Quelle absoluter Wahrheit oder der Koordinator unserer Gedanken und Erinnerungen zu suchen. Es sind die einzelnen Netze, die miteinander kommunizieren, sich gegenseitig beeinflussen und zu komplexen Netzwerken zusammenwachsen. Aus ihnen selbst heraus entsteht je nach Anforderung eine globale Ordnung, die in ihrer Gesamtheit alle Gedächtnisprozesse steuert.

Parallel arbeitende und kommunizierende Netze steuern Gedächtnisprozesse

> Darüber hinaus ermöglicht unsere Gehirn-Software auch, externe Datenträger – z.B. Bücher, Radio, TV oder die Informationen anderer Menschen – in dieses innere Datennetz einzubeziehen. Wir verfügen damit als einziges Lebewesen auf dieser Welt quasi über ein externes Gedächtnis.

Die grauen Zellen und was dahinter steckt

Um ein wenig tiefer in diese Prozesse eindringen zu können, müssen wir einen Abstecher in den Mikrokosmos unseres Gehirns unternehmen. Wichtigste Bausteine des Gehirns sind die hinlänglich bekannten grauen Zellen, die einige Zeitgenossen immer erst dann wahrnehmen, wenn ein klassischer Kater nach einer durchzechten Nacht das Absterben einiger Tausend von ihnen signalisiert. Die größten Spaßvögel unter ihnen behaupten dann oft noch: „Macht ja nichts, ich habe ja ein paar Milliarden davon."

Was im Prinzip auch richtig ist. Der Mensch verfügt etwa über 12 bis 14 Milliarden Gehirnzellen (Neuronen). Diese Größenordnung entzieht sich unserer begrenzten Vorstellungskraft genau so, wie die Vorstellung davon, wie viele Sterne unser Universum enthält. Was dann noch hinzukommt, ist die Vernetzung der einzelnen Nervenzellen mit weiteren Gehirnzellen über sogenannte Synapsen. So hat ein einzelnes Neuron zwischen 1.000 bis 10.000 solcher Kontaktstellen. Über diese rund 100 Billio-

Austausch von Signalen zwischen Neuronen via Synapsen

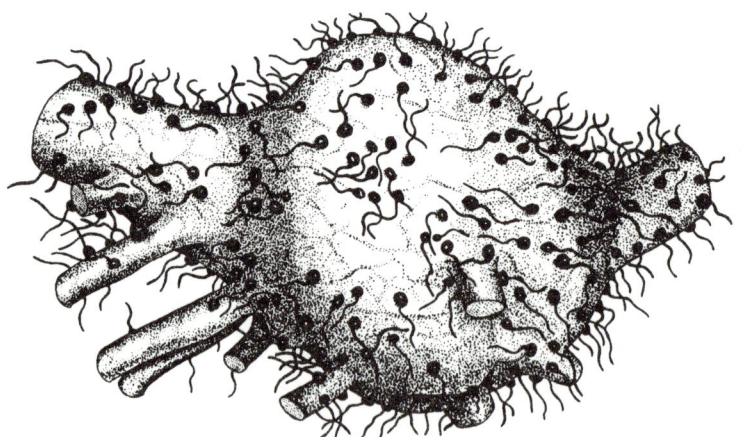

Nervenzelle mit Kontaktstellen (Synapsen)

Unser biologischer Computer

nen Synapsen werden auf elektrischem und elektro-chemischem Weg (über Botenstoffe = Neurotransmitter) Signale ausgetauscht.

Ein Hirnzentrum denkt selten allein

Mit modernen, bildgebenden Verfahren können Mediziner heute bereits nicht nur Strukturen, sondern auch Funktionen des Gehirns bzw. einzelner Bereiche darstellen. So können mit bildgebenden Verfahren (z.B. der PET-Technik = Positronen-Emissions-Tomographie) Stoffwechselprozesse im Gehirn sichtbar gemacht werden. Wie das funktioniert, können Sie an einem Beispiel leicht nachvollziehen.
Nehmen Sie an, Sie hätten gerade in der alljährlich stattfindenden Betriebsversammlung gesessen und von Ihrem Geschäftsführer die neuesten Umsatzzahlen Ihres Unternehmens gehört. Während des Vortrages hat eine Sekretärin Folien mit Farbdiagrammen zur besseren Veranschaulichung der Zahlen auf den Overheadprojektor gelegt.

Hören und Sehen ergänzen einander

Wenn Sie in diesem Moment mit der PET-Technik in Ihr Gehirn hineingeschaut hätten, dann hätten Sie folgende Entdeckung gemacht: Beim Hören der Zahlen waren die grauen Zellen in einer Region des Schläfenlappens aktiv, und als die Sekretärin die Folien aufgelegt hatte „sahen" Sie die Diagramme über eine Region im Hinterhauptslappen.

Ein Vorgang setzt Dutzende von Zentren in Bewegung

Weil Sie aber trotz der schon recht eindrucksvollen Zahlen weiteren Erklärungsbedarf hatten, haben Sie während der Betriebsversammlung in der vorliegenden Broschüre die näheren Erläuterungen

Bildgebende Verfahren - Denken „sichtbar gemacht"

Gehirnaktivitäten beim:

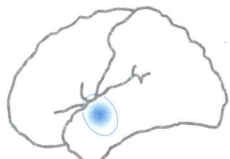

Hören

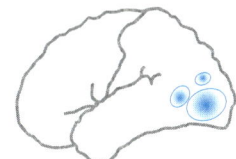

Sehen

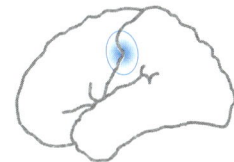

Lesen

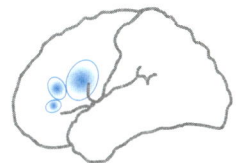

Sprechen

zur Umsatzentwicklung nachgelesen. Das wiederum aktivierte Nerven in der Zentralregion. Und als Ihr Nachbar Ihnen zuflüsterte, daß er das alles furchtbar langweilig findet, waren in diesem Moment bei ihm Nerven der vorderen Frontallappen, die für bestimmte Aufgaben beim Sprechen zuständig sind, beteiligt.

Zusammenarbeit ist angesagt ...

„Topunternehmen Gehirn"

Jeder dieser Gehirnbereiche hat also eine bestimmte Aufgabe. Wie die Abteilungen in einem gut funktionierenden Unternehmen auch. Und in all diesen Bereichen arbeiten in diesem Moment Tausende und aber Tausende von Gehirnzellen – verknüpft über synaptische Verbindungen – , jede an den ihnen zugewiesenen Aufgaben.

... auch über Abteilungsgrenzen hinaus

Da diese Prozesse, also das Hören, das Sehen, das Lesen und auch das Sprechen, zumindest zeitweise parallel verlaufen, arbeiten Zellverbände über Abteilungsgrenzen hinaus zusammen. Es entstehen komplexe Netzwerke, die sich gegenseitig ergänzen und ihre Leistung damit potenzieren. Was im günstigsten Falle zu einem Ergebnis führt: Die vorgetragenen Zahlen werden in unserem Gehirn nicht nur aufgenommen und verarbeitet, sondern bleiben auch hängen. Wie lange und wie sicher,

---

Wenn wir das Bild eines erfolgreichen Topunternehmens weiterverfolgen, wird eines sofort klar. Je öfter und je besser die einzelnen Abteilungen eine Aufgabe zu bearbeiten haben, um so besser werden sie. Einmal, weil sich innerhalb einer Abteilung ein solides Wissen um die Probleme selbst sowie deren Bearbeitung herausbildet, und zum anderen, weil die Kommunikation der Abteilungen untereinander immer schneller und zuverlässiger funktioniert. Das gesamte Unternehmen arbeitet effizienter. Und genau so ist es auch mit dem Gehirn.

hängt von vielen weiteren Faktoren ab. Aber auf die kommen wir gleich zu sprechen.

Übung macht auch hier den Meister

Amerikanische Forscher an der Universität von Kalifornien konnten nachweisen, daß das Gehirn verschiedener Menschen für die Lösung von identischen Aufgaben unterschiedliche Energiemengen (Glucose) benötigt. Testpersonen, die die gestellten Aufgaben schnell und sicher lösen konnten, brauchten weniger Energie als die Probanden, denen die Lösung schwerfiel. Warum? Ganz einfach. Die Gehirn-Unternehmen der schnellen Probanden arbeiten mit eingespielten, gut trainierten Teams. Und die verbrauchen nun einmal weniger Energie für eine vergleichbare Leistung. Leuchtet ein, oder? Aber wie kommt es nun zu diesen eingespielten Teams. Und vor allem: Was kann ich tun, damit mein Gehirn-Unternehmen effizienter arbeitet?

Gute Zusammenarbeit – Geringer Energieverbrauch

Einen ganz entscheidenden Ansatz für die Beantwortung dieser Frage haben wir bereits aufgezeigt. Wir verarbeiten Informationen nicht linear und hintereinander. Unser Gehirn verarbeitet und speichert Wahrnehmungen und Information parallel. Die Teile dieses Netzwerkes werden nicht nur von den Reizen der Sinnesorgane beeinflußt. Je nach Situation und Anforderung beeinflussen sie sich auch gegenseitig.

Denk-Abteilungen beeinflussen sich gegenseitig

Ohne Zusammenarbeit – kein Ergebnis

Allein wenn wir Dinge visuell wahrnehmen, arbeiten mehrere Dutzend höchst spezialisierter Abteilungen zusammen, um ein Bild vor unser geistiges Auge zu projizieren. Wichtig dabei ist folgende Feststellung: Das Abbild, das wir vor unserem „geistigen Auge" haben, ist jeweils als Ganzes in jeder dieser Abteilungen präsent.

Informationen in jeder Abteilung als Ganzes präsent

Was Hänschen nicht lernt …?

Wie funktioniert aber nun die Kommunikation zwischen den einzelnen Abteilungen? Schließlich ist das ja eine der Grundvoraussetzungen für eine parallele Rechnerstruktur. Wie sehen die Kommunikationswege aus? Sind sie bereits bei unserer Geburt voll ausgebaut? Bleiben sie bis ins hohe Alter bestehen? Und sind sie zu allen Zeiten gleichermaßen gut durchlässig wie eine sechsspurige Autobahn?

*Kindes- und Jugendalter:
Gehirnstruktur wächst*

> Zunächst einmal entwickelt sich unsere Gehirnstruktur im Kindes- und Jugendalter enorm. Tag für Tag werden mehr synaptische Verbindungen – richtige Kommunikations-Highways – aufgebaut. Die unterschiedlichen Bereiche im Gehirn lernen immer besser, mit den ihnen gestellten Aufgaben fertig zu werden. Das macht anfangs sogar noch Spaß. Später wird das Lernen schwieriger, es dauert länger. Und wenn wir die fünfzig überschritten haben, scheint es immer mehr zu einem Problem zu werden.

Ist der Abbau unvermeidlich …?

Und was noch schlimmer ist: Wir bauen ganz offensichtlich langsam, aber stetig ab. Das Denken fällt schwerer, was uns schmerzlich immer dann auffällt, wenn uns Jüngere beruflich zu überholen scheinen. Erinnerungen verblassen oder sind nur mit viel Mühe wieder ans Tageslicht zu befördern.

*Erwachsenenalter:
Gehirnstruktur baut ab?*

Haben wir also bereits zu einem Zeitpunkt, an dem wir eigentlich noch lange nicht in den Ruhestand treten wollten, schon alle Reserven ausgeschöpft? Ist ein Zuwachs an Wissen nicht mehr möglich? Oder nur noch unter größten Anstrengungen? Fast scheint es ja so.

… die Praxis beweist – NEIN!

Aber was ist dann mit den quicklebendigen und aktiven Rentnern? Ganz zu schweigen von solchen Persönlichkeiten wie Goethe, der bis ins hohe Alter geistig aktiv war? Oder denken wir an den Maler

Pablo Picasso, den Schriftsteller Ernst Jünger oder den Physiker und Philosophen Carl Friedrich von Weizsäcker : Sie alle waren oder sind bis ins hohe Alter geistig aktiv.

Und das, obwohl Gehirnzellen nach landläufiger Meinung im Alter zu schrumpfen beginnen, synaptische Verbindungen zu schmalen Pfaden werden und sich irgendwann im Dickicht des Neuronen-Urwaldes verlieren. Ganz zu schweigen von krankhaften Veränderungen, wie z.B. der Alzheimerschen Krankheit mit ihren schleichenden Symptomen, unter denen immer mehr Menschen zu leiden haben.

Kann ein „Gehirntraining" helfen?

Sind diese Alterungsprozesse nun aufzuhalten? Kann man das Gehirn tatsächlich wie einen Muskel auch im Alter noch trainieren und vielleicht sogar stärken?

> Trotz aller noch offenen Fragen ist eines sicher: Regelmäßiges und intensives Benutzen des Gehirns – ja, eben Training! – beeinflußt nicht nur bei ausgewachsenen Tieren, sondern auch beim erwachsenen Menschen die Entwicklung der Gehirnzellen positiv. Es ist anzunehmen, daß sich dadurch Verzweigungen aktivieren und ausbauen lassen und neue synaptische Verbindungen entstehen. Möglicherweise kann sogar das Wachstum der Gehirnzellen angeregt werden.

**Erste Erkenntnisse in Tierversuchen:
Geistiges Training erweitert Gehirnstruktur**

In Tierversuchen konnte bereits nachgewiesen werden, daß die Gehirnstruktur auch im Alter durch geistiges Training erweitert werden kann. Amerikanische und israelische Wissenschaftler haben bei einer bestimmten Vogelart, der Chickadee-Meise, festgestellt, daß bei Alttieren unter bestimmten Umständen neue Nervenzellen heranwachsen.

Die Chickadee-Meisen müssen ihre Futteraufnahme im Herbst und im Winter drastisch umstellen. Finden diese Vögel im Sommer ausreichend fleischliche Kost – also Insekten und Würmer –, so müssen sie sich im Winter mit pflanzlicher Nahrung begnügen. Um trotzdem ihren erhöhten Energiebedarf stillen zu können, müssen sie ihr Territorium vergrößern.

Mögliche Ursache: Verstärkte geistige Anforderungen

Die für diese Umstellung notwendigen geistigen Anforderungen scheinen die Ursache für die Nerven-Neubildung zu sein. Denn bei Artgenossen, die in Gefangenschaft gehalten wurden, war ein Wachstum neuer Zellen in einem weitaus geringern Umfang zu verzeichnen. Warum sollte das beim Menschen nicht ähnlich sein? Warum sollten nicht auch hier durch höhere geistige Anforderungen, also Training, neue Gehirnzellen heranwachsen?

Wer trainiert, bleibt fit – bis ins hohe Alter

Empirisch abgesichert – Gehirn auch beim Menschen trainierbar

Selbst wenn man diese Erkenntnisse nicht einfach auf den Menschen übertragen kann – die Wirkung geistigen Trainings ist über Langzeitstudien bereits heute nachgewiesen. So testeten amerikanische Wissenschaftler über mehr als 30 Jahre die mentalen Fähigkeiten von 5.000 Versuchspersonen. Der allseits angenommene geistige Leistungsabfall nach dem 60. Lebensjahr trat vor allem bei den Personen ein, die kein geistig erfülltes Leben führten. Testpersonen, die an regelmäßigem Gehirn-Training teilnahmen, konnten dagegen mit über 70 Jahren noch Leistungen erzielen, die sonst für 60jährige typisch sind.

Ein solches geistiges Training ist auch das sogenannte Gehirn-Jogging oder mentale Aktivierung. Es ist praktisch für alle Altersgruppen geeignet. Dazu wurden Übungskomplexe entwickelt, die auch und gerade im Beruf, im Alltag und in der Freizeit durchführbar sind. Diese Form des Gehirn-Trainings hilft – entsprechenden Trainingsfleiß vorausgesetzt –, die Leistungsfähigkeit von Geist und Gedächtnis zu verbessern. Probieren Sie es aus! Literatur dazu gibt es genug.

Bei den oben beschriebenen Untersuchungen kam aber noch etwas anderes heraus: Positiv auf die Leistungsfähigkeit wirkten sich nicht nur berufliche Anforderungen oder spezielles Gehirn-Training aus. Ebenso markant war der günstige Einfluß einer anregenden Partnerschaft. Regelmäßige und gegenseitig befruchtende Kommunikation wirkte sich bei den betreffenden Probanden nicht nur auf deren Argumentationsfähigkeit aus. Sie verbesserte auch deren allgemeine geistige Fitneß.

Auch zwischenmenschliche Kommunikation trainiert das Gehirn

Insbesondere an diese Erkenntnisse schließt sich das an, was im zweiten Teil des Buches unter dem Begriff „Lern-Kommunikation" beschrieben wird. Eine Methode, die ohne Hilfsmittel und ohne Übungsaufgaben sowohl im Alltag als auch im Berufsleben anwendbar ist.

Warum unser Großhirn zweigeteilt ist

Haben die einzelnen Großhirnhälften unterschiedliche Aufgaben? Wenn ja, welchen Einfluß hat das auf das Denken und Lernen? Welche Hälfte ist entscheidender, die linke oder die rechte?

Bei unserem ersten Blick in den Schädel hatten wir festgestellt, daß sich unser Gehirn von oben gesehen in eine linke und eine rechte Großhirnhälfte unterteilt. Das wäre zunächst einmal nicht verwunderlich, sind doch auch eine Reihe weiterer Organe paarweise angelegt. Die Augen etwa, die Ohren, die Lungenflügel, die Nieren usw.

Aber hier ist ein ganz entscheidender Unterschied zu bemerken. Während die anderen paarweise auftretenden Organe identische Funktionen haben, lassen sich in den beiden Hemisphären differenzierte Aufgabenstellungen ausmachen.

Zwei Großhirnhälften – unterschiedliche Aufgabenkomplexe

Die „Sprache" sitzt links ...

Wie wir schon wissen, befinden sich in der linken Hälfte die Areale, die für die Sprache zuständig sind. Hier „entsteht" Sprache, und hier wird sie „verarbeitet". Wenn wir uns einmal verdeutlichen, was Sprache überhaupt ist, kommen wir auch schnell auf die übergeordnete Funktion, die der linken Gehirnhäfte zukommt.

Was ist überhaupt „Sprache"?

„Sprache an sich" gibt es nicht. Sie tritt immer in der Form einer Landessprache, eines Dialektes oder einer Fachsprache, in geschriebener oder gesprochener Version auf. Sprache ist unser wichtigstes Kommunikationsmittel. Sie ist ein verbaler Code, auf den sich entwicklungsgeschichtlich alle Menschen, die eine (dieselbe) Sprache sprechen, quasi „geeinigt" haben.

Sprache: ein Code unter anderen

Weitere Codes, über die die Menschen in ihrem jeweiligen Lebensumfeld (Kulturkreis, Nation etc.) Einigung erzielt haben, wären das Ziffernsystem, das Morsealphabet, das chemische Formelsystem usw. Für die Aufnahme, die Verarbeitung und die Speicherung solcher Codes oder besser gesagt, der Informationen, die dahinterstehen, ist die linke Gehirnhälfte zuständig.

Links: konkret und rational

Damit steht die linke Hälfte auch für all das, was wir mit rational, wissenschaftlich exakt, konkret und genau bezeichnen könnten. Hier hinein gehört der Umgang mit Formeln, Paragraphen, Definitionen usw.

... und das „Herz" sitzt rechts!

Rechts: komplex und emotional

Die rechte Gehirnhälfte ist für alles Bildhafte, Emotionale und Komplexe zuständig. Hier werden ganze Bilder verarbeitet, entstehen Emotionen, Gefühle und komplexe Wertvorstellungen.

Warum unser Großhirn zweigeteilt ist

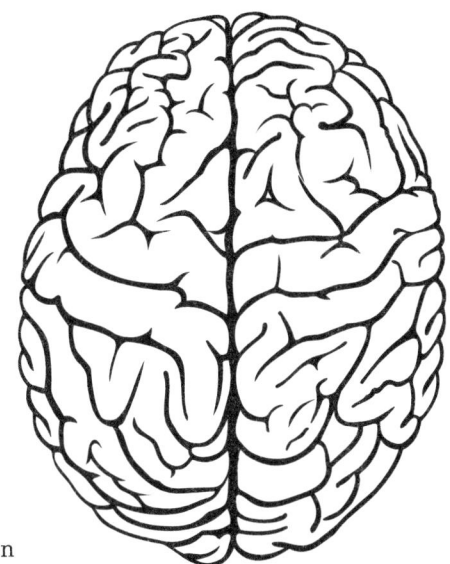

Linke Hälfte:
Rational, konkret
Sprache
Regeln, Definitionen
detaillierte Vorstellungen

Rechte Hälfte:
Emotional, bildhaft
Körpersprache
Visionen, Überblick
komplexe Vorstellungen

Wofür die Gehirnhälften „zuständig" sind

Wo sitzt nun das Gedächtnis? Links ...

Es scheint so, als ob die linke Hälfte ganz besonders mit unserem Problem „Gedächtnis" zu tun hätte. Laufen doch hier alle Fäden zusammen, wenn es um Zahlen, Fakten oder Daten geht. Und die sind es doch wohl meist, an die wir uns nicht erinnern können, wenn wir sie brauchen. Andererseits weisen Menschen, die sich unter Hypnose befinden, in tiefer Trance in der rechten Gehirnhälfte wesentlich stärkere Aktivitäten auf als in der linken.

... oder rechts

In diesem Zustand ist das Denken und Fühlen in Bildern, Metaphern und Symbolen besonders stark. Der Mensch kann stark in sich eindringen und mit seinem Denken und Fühlen Vergangenes hervorholen und bisher nicht Erlebtes durchleben. So können sich Probanden an Begebenheiten aus der Kindheit erinnern, fühlen sich an entlegene Stellen unserer Erde versetzt und können Empfindungen wie Glück, aber auch Trauer und Schmerz extrem tief empfinden.

Möglich wird das wahrscheinlich dadurch, daß der Betreffende durch Aktivierung der rechten Gehirnhälfte unterbewußte Reserven aktiviert. Das wird um so verständlicher, wenn man sich vor Augen führt, daß die meisten Prozesse in unserem Gehirn, also auch die Informationsverarbeitung, das Denken, und das Erinnern, an unterbewußt ablaufende Prozesse geknüpft sind. Nur der geringste Teil wird uns bewußt.

Die meisten geistigen Prozesse laufen unterbewußt ab

Und gerade der größere, unterbewußte Teil ist an das Bildhafte gebunden. Diese (oft unbestimmten) Bilder könnten Träger unserer Gedanken und Erinnerungen sein, auf die wir rationale und konkrete Informationen quasi draufsatteln, so daß ein komplexes Ganzes entsteht.

Sind „Bilder" Informationsträger?

Beide Hälften funktionieren immer zusammen...

Natürlich funktioniert keine der beiden Hälften vollkommen losgelöst von der anderen. Wir denken nicht nur mit linkshirnig, wenn wir 1 + 1 = 2 zusammenaddieren. Und so ist natürlich nicht nur die rechte Hälfte aktiv, wenn wir uns einen Dali anschauen.

Vielmehr laufen ständig parallele Prozesse in den Abteilungen beider Hälften ab. Vor allem natürlich dann, wenn es sich nicht um einzelne, isolierte Fakten handelt, sondern um komplexe Wahrnehmungen, Aufgabenstellungen oder Handlungen.

... aber zeitweise dominiert eine Gehirnhälfte

Andererseits können wir typisch linkshirnig orientierte Denk- und Verhaltensweisen benennen und als Pendant dazu auch typisch rechtshirnig orientierte. Was aber ist nun die Ursache dafür?

Warum unser Großhirn zweigeteilt ist

Entwicklungsgeschichtlich gesehen verfügt der Mensch über rechtshirnig und linkshirnig orientierte Anlagen gleichermaßen. Er dachte, handelte und lebte in früheren Zeiten nicht einseitig rational oder emotional orientiert. Das können wir nachvollziehen, wenn wir an die Gelehrten des Altertums denken.

In der Antike war die Denkwelt noch in Ordnung

Zur damaligen Zeit wurde die Welt noch ganzheitlich betrachtet. Unterschiedliche Wissenschaftsdisziplinen hatten sich erst in Ansätzen herausgebildet, waren aber noch so eng miteinander verflochten, daß sie von einer Person beherrschbar waren. Auch war der Abstand zwischen Natur- und Geisteswissenschaften (also: z.B. zwischen Medizin und Philosophie) noch nicht so groß, daß hier Gegensätze entstanden waren.

Ursprünglich wurde ganzhirnig gedacht

Spezialisierung – der Preis des Fortschritts

Erst mit zunehmender Erkenntnis, mit der Anhäufung von immer mehr Informationen auf einzelnen Gebieten begannen sich die Wissensbereiche zu verselbständigen. Erst danach gab es einzelne Personen, die sich durch immer tieferes Fachwissen auf einzelnen Gebieten als Spezialisten profilieren konnten. In der Folge entwickelten sich Wissenschaft und Kunst getrennt voneinander. Aber damit entwickelte sich auch das Denken der Menschen auseinander.

Entwicklung führte zur Aufteilung in linkshirnig und rechtshirnig

Viele Menschen denken „einseitig"

Wenn wir uns jetzt einmal zurücklehnen und unsere nähere Umwelt vor unser geistiges Auge holen, werden wir eine interessante Feststellung machen. Es gibt sie wirklich, diese einseitig orientierten Menschen.

Was ist besser? Links- oder rechtshirniges Denken?

Müssen Buchhalter immer linkshirnig sein?

Da ist der Haupt-Buchhalter unserer Firma, der immer akribisch an seinen Zahlen klebt. Der auch in seinem ganzen Verhalten korrekt und pünktlich ist, dem man nur schwer Fehler oder Schwächen nachweisen kann. Selbst als plötzlich die Bilanzen nicht mehr stimmten und man schon gemunkelt hatte, daß es da wohl doch noch ein zweites Leben gegeben haben mußte: Was stellte sich heraus? Der Computer hatte einen Fehler gemacht.

Denken Frauen immer rechtshirnig?

Da fällt uns als zweites unsere ehemalige Werbeleiterin ein: immer aktiv, ständig nach neuen Ideen suchend. Sie konnte einen schon begeistern mit ihren Vorstellungen, die teilweise weit über das Ziel hinausschossen und leider von den Herren der Geschäftsleitung nicht verstanden wurden. Dabei hat sie Unternehmens-Präsentationen entwickelt, die es wirklich in sich hatten. War ja auch kein Wunder. Als studierte Grafikerin und Topdesignerin wußte sie schon, was emotional auf Menschen wirkt. Aber es hat ihr leider nicht viel genützt. Jedenfalls nicht in unserem Unternehmen. Heute ist sie am städtischen Theater als Bühnenbildnerin beschäftigt. Und, wie man hört, sehr zufrieden.

Es ist gefährlich, Menschen abzustempeln

In diesen beiden Darstellungen stecken wahrscheinlich ebenso viele Wahrheiten wie Vorurteile. Und noch schlimmer sind die Schlußfolgerungen, die manche Menschen daraus ziehen. Die haben dann wirklich mitunter verheerende Auswirkungen.

Wahrheit

Männer scheinen eher linkshirnig, Frauen dagegen eher rechtshirnig orientiert zu sein.

Warum unser Großhirn zweigeteilt ist

Vorurteil

Linkshirnig orientiertes Denken ist, analytisch, logisch, sachlich, also auch solide. Deshalb scheint es sich mehr für die ernsteren und wichtigeren Lebensbereiche wie z.B. das Berufsleben, die Wirtschaft oder die Politik zu eignen.
Rechtshirnig orientiertes Denken ist spontan, intuitiv, emotional und damit eher weniger solide. Deshalb scheint es sich mehr für die schöneren und heiteren Bereich des Lebens wie z.B. die Freizeit, die Familie oder die Kunst zu eignen.

Aus Vorurteilen werden Schlußfolgerungen

Die meisten Männer denken linkshirnig orientiert. Linkshirnig orientiertes Denken ist solide und sehr wichtig. Und damit sind Männer auch wichtig. Sie sind vor allem für die Beriche Wirtschaft und Politik geeignet.
Die meisten Frauen denken rechtshirnig orientiert. Rechtshirnig orientiertes Denken ist weniger solide und damit (zumindest für die wirklich wichtigen Bereiche des Lebens) auch weniger wichtig. Und damit sind Frauen auch nicht so wichtig. Zumindest nicht für die Bereiche Wirtschaft und Politik. Das prädestiniert sie vor allem für die Familie, das Schöngeistige, aber leider auch für alles Spontane, Unlogische und Intuitive.

Vorurteile haben verheerende Wirkungen

Schuld an dieser Zweiteilung ist einmal die Bevorzugung einer fachspezifischen – und damit einseitigen – Bildung. Zum anderen ist es die klassische Mann-Frau-Orientierung.
Mann = Beruf, Frau = Familie.

Unser Denk- und Lernorgan

Nicht links- oder rechtshirnig, ganzhirnig ist angesagt!

Heißt das also: Wir können gar nicht anders? Wir sind einfach einseitig ausgerichtet, daran ist nun mal nichts zu ändern? Ganz im Gegenteil: Diese einseitige Ausrichtung – egal ob links- oder rechtshirnig – hat sich inzwischen längst ins Gegenteil verkehrt. Wir können nicht mehr über unseren Tellerrand hinausblicken, werden betriebsblind und sind unempfindlich für Impulse andersdenkender Menschen. Wir müssen etwas dagegen tun!

Leonardo, Goethe, Einstein können nur ganzhirnig gedacht haben

Dabei finden wir auch in jüngerer Zeit überzeugende Beispiele für ein fruchtbares Zusammenwirken beider Hirnhälften. Denken wir nur an das Lächeln der Mona Lisa und die Flugmaschinen, die Leonardo da Vinci schuf. Oder an Goethe. Auch wenn er nicht den Faust geschrieben hätte – er hätte auch als Naturwissenschaftler bestehen können. Als Politiker allemal. Und Einstein? Vielleicht war es das Violinespielen, das ihn inspirierte, über die Relativitätstheorie nachzudenken?

Die wirklichen Genies, also Personen, die nicht nur die Gesellschaft und das Denken ihrer Epoche prägten, sondern ihrer Zeit weit voraus waren, verfügten über multikulturelles Wissen und Können. Bei ihnen stand gar nicht die Frage nach links- oder rechtshirnig orientiertem Denken im Vordergrund. Ob Leonardo, Goethe oder Einstein: Ihr Denken und Handeln war ganzhirnig geprägt.

> Angesichts der einseitigen Orientierung der meisten Menschen bedeutet das: Es lassen sich gewaltige Gehirnreserven erschließen, wenn es uns gelingt, ein Denken auszuprägen, das beide Gehirnhälften gleichermaßen einbezieht.

Wie Informationen im Gedächtnis haften bleiben

Gibt es einen zentralen Speicher? Bleiben alle aufgenommenen Informationen im Gedächtnis haften? Kann man das Behalten von Informationen beeinflussen?

Was das Speichern von Informationen betrifft, so kann man annehmen, daß jede Information in unserem Gedächtnis eine Art Spur hinterläßt. Und alle diese Spuren werden gespeichert. Mehr oder weniger lange und mehr oder weniger sicher. Dabei unterscheiden wir drei Hauptarten von Speichern, in die diese Informationen hineingeschrieben werden:

Es gibt drei Speicher...

1. Ultra-Kurzzeit-Speicher (Ultra-Kurzzeit-Gedächtnis)
2. Kurzzeit-Speicher (Kurzzeit-Gedächtnis)
3. Langzeit-Speicher (Langzeit-Gedächtnis)

Der Ultra-Kurzzeit-Speicher

In ihm werden alle Wahrnehmungen registriert, die wir durch unsere Sinnesorgane aufnehmen. Dabei handelt es sich vor allem um Signale, die wir über die Augen und die Ohren registrieren. Sie bleiben nur solange erhalten, wie sie für das Wahrnehmen unseres Umfeldes, für das Fällen von Entscheidungen und Urteilen notwendig sind.

Speichern von Sinneswahrnehmungen (extrem kurzzeitig)

Die meisten Eindrücke vergessen Sie sofort

Dazu ein Beispiel: Sie gehen durchs Zimmer, und ein Stuhl steht Ihnen im Weg. Sie weichen ihm aus, ohne sich einzuprägen, wie dieser Stuhl ausgesehen hat. In den meisten Fällen werden Sie nicht einmal richtig wahrnehmen, daß es ein Stuhl war, dem Sie ausgewichen sind. Die „Erinnerung" daran ist einfach zu kurzlebig. Aus diesem Grund wird diese Art Speicher auch als sensorischer Puffer-Speicher bezeichnet.

Informationen gelangen über „Kanäle" ins Gehirn ...

Im übrigen bezeichnet man die Wege, die aufgenommene Signale zurücklegen müssen, um in unser Gehirn vorzudringen, auch als Kanäle.

> Nehmen wir Signale z.B. nur visuell wahr, spricht man von einkanaliger Wahrnehmung (Perzeption). Gelangen die Informationen aber über unsere Augen **und** die Ohren in unser Gehirn, so handelt es sich um eine zwei- oder mehrkanalige Perzeption.

Ihr Gehirn wird von Informationen überflutet

Die über die Ohren (auditiv) aufgenommenen Informationen werden als Echo bezeichnet und bleiben ca. eine Sekunde im Ultra-Kurzzeit-Gedächtnis gespeichert. Die so aufgenommene Informationsdichte ist schon enorm. Ungefähr eine Million Bit kann der Mensch pro Sekunde über die Ohren aufnehmen und auch differenzieren. Dabei handelt es sich natürlich nicht nur um reine Töne, wie bei einem Klavierkonzert, sondern um eine Verbindung von Tönen, Klängen, Geräuschen, verbalen Äußerungen, Nuancen einer Sprechstimme u.v.m.

Sie sehen mehr, als Sie glauben

Visuell wird meist besser behalten als auditiv

Diese Leistung ist um so bemerkenswerter, wenn man bedenkt, daß man auf einer Schreibmaschinenseite ca. 15.000 Bit speichern kann. Noch erstaunlicher sind die Informationsmengen, die wir über die Augen (visuell) wahrnehmen können. Diese werden als Ikon (griechisch *eikon:* Bild) bezeichnet und sind oft nur einen Bruchteil einer Sekunde im Ultra-Kurzzeit-Speicher resistent. Es handelt sich hier um Größenordnungen von 50 Milliarden Bit, die wir in einer Sekunde als Kombination aus Bildern, bildhaften Vorstellungen und ge-

Wie Informationen haften

lesenen Wörtern aufnehmen können. Theoretisch wären das über drei Millionen Schreibmaschinenseiten.

> Vereinfacht kann nach unserem Modell vom Gehirn angenommen werden, daß sich beim Sehen komplexere Netzwerke herausbilden müssen als beim Hören.

Diese Kapazität ist notwendig, um die gewaltigen Informationsmengen verarbeiten zu können. Das ist wahrscheinlich auch die entscheidende Voraussetzung dafür, daß die meisten Menschen über die Augen (visuell) aufgenommene Informationen auch besser behalten als nur gehörte. Damit hat die Art der Informationsaufnahme bereits entscheidenden Einfluß auf den Behaltenseffekt.

Noch größere Leistungsdichten entstehen dann, wenn man dieselben Informationen gleichzeitig hört und sieht bzw. liest (audio-visuelle Perzeption). Ganz klar. Es sind noch mehr Gehirn-Abteilungen für dasselbe zuständig. Vom Ergebnis her läßt sich vermuten:

Mehrkanalig wird besser behalten als einkanalig

> Wenn wir die Wahrnehmungs-Kanäle kombinieren, addiert sich die Leistungsfähigkeit der Netze nicht nur, sie vergrößert sich wahrscheinlich durch gegenseitige Unterstützung um ein Vielfaches.

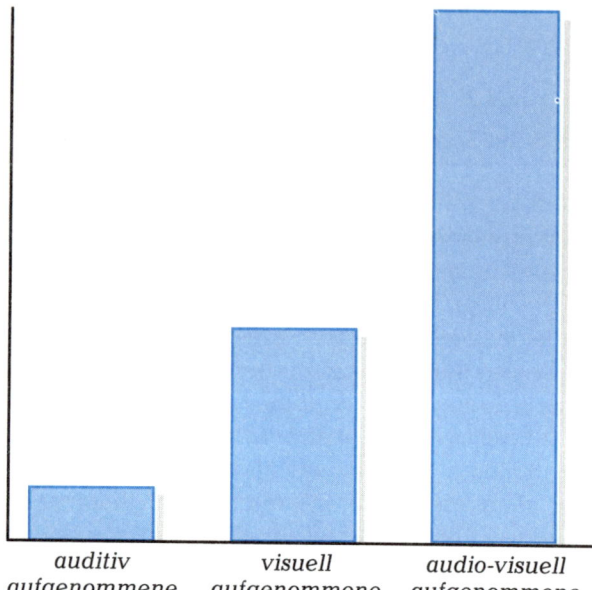

Verhältnis zwischen Informationsaufnahme und Behaltensleistung.
Die angegebenen Größenordnungen zeigen Tendenzen auf. Sie stellen keine Verhältnisse zueinander dar.

Behalten heißt zunächst einmal: Informationen verarbeiten

Ganz entscheidend fürs Behalten oder Nichtbehalten ist, daß wir eine Informationen nicht nur für Bruchteile von Sekunden zwischenspeichern, sondern sie auch identifizieren und damit z.T. weiterverarbeiten. Das heißt: Um sie einordnen zu können, z.B. als gefährlich oder ungefährlich, vergleichen wir sie mit den im Gedächtnis abgespeicherten Informationen, den zugeordneten Bedeutungen, unseren Erfahrungen usw.

Hier greifen wir auf schon abgespeichertes Material aus dem Langzeit-Speicher (siehe auch unter Langzeit-Speicher weiter unten) zurück. Zum großen Teil geschieht das unterhalb unserer Bewußtseinsschwelle.

So können kleine Kinder, die noch nicht lesen und schreiben können, den Buchstaben A nicht als Buchstaben erkennen. Für sie ist das eine Menge von Strichen, die sie vielleicht an ein Haus erinnert. Sie haben die Bedeutung dieser Strichkombination noch nicht abgespeichert.
Ein Erwachsener, der lesen und schreiben kann, trifft wiederum auf die verschiedensten Versionen des Buchstaben A.

Aus allen diesen Varianten muß er die Bedeutung des Buchstaben A erkennen.

Muster in unseren Köpfen – Basis der Erkenntnis

Man nimmt an, daß im Gedächtnis bestimmte Grundmuster gespeichert sind, die wiederum in einzelne Merkmale zerfallen. Treffen nun alle diese Merkmale oder zumindest eine größere Menge von ihnen in unserem Fall zu, so werden wir ein A erkennen.
Treffen sie nur z.T. zu, also z.B. in solchen Fällen

kommen wir vielleicht zu der Erkenntnis, daß es sich um ein A handeln könnte, keinesfalls aber um ein B, denn dessen Merkmale würden nicht auf das gerade gesehene Zeichen zutreffen.
Was am Beispiel des Buchstaben A dargestellt wurde, trifft natürlich auch für andere Sinnesreize zu. Und natürlich sind die Reize, die wir beständig aufnehmen, in der Regel viel komplexer als der erste Buchstabe unseres Alphabetes. Trotzdem können wir annehmen, daß die Identifizierung, die Zuordnung und die Speicherung auch hochkomplexer Informationen auf dieselbe Art und Weise funktioniert.

Erkennen geschieht durch Vergleich von Merkmalen

Vertrautes erkennen wir – auch im neuen Gewand

So erkennen wir z.B. klassische Melodien, die in einem Stück Unterhaltungsmusik „verarbeitet" wurden, wieder, weil wir bestimmte Merkmale erkennen und zuordnen können. Ähnliches passiert, wenn wir einer Person auf der Straße begegnen, von der wir im ersten Augenblick (noch) nicht genau wissen, wer sie ist, von der wir aber ziemlich sicher sind, daß wir sie kennen.

Über Schlüsselmerkmale den „Rest" aktivieren

Wahrscheinlich haben wir uns an ganz bestimmte Merkmale, z.B. die Nase und den komischen Gang, erinnert. Diese Schlüsselmerkmale reichen aus, um die gesamte Person zu „rekonstruieren". Das heißt: Über bestimmte Schlüsselmerkmale lassen sich weitere Merkmale und Informationsinhalte aktivieren.

...kommt Ihnen das bekannt vor?

Und diesen Prozeß haben Sie sicher schon einmal erlebt. Da fällt Ihnen dann plötzlich ein, daß Sie diesen Mann eigentlich unangenehm in Erinnerung haben. Daß er Herbert heißt, ein Nachbar Ihrer Eltern war und daß Sie ewig Streit mit ihm hatten, wegen der Äpfelbäume in Ihrem Garten, denn die Äpfel fielen immer auf sein Grundstück. Und statt sich über die kostenlosen Vitamine zu freuen, gab es stundenlang lautstarken Zoff am Zaun zwischen diesem Herrn Herbert und Ihrem Vater. Dabei war seine Tochter – wie hieß sie doch noch gleich, ach ja, Claudia – ganz in Ordnung.

Bewußte und unbewußte Vorgänge ergänzen sich

Parallel zu den unterbewußt ablaufenden Prozessen bei der Informationsaufnahme vollzieht sich somit eine ganze Reihe bewußter Prozesse. Um so mehr natürlich, wenn wir beginnen, uns mit den neu aufgenommenen Informationen aktiv auseinanderzusetzen.

Wie Informationen haften

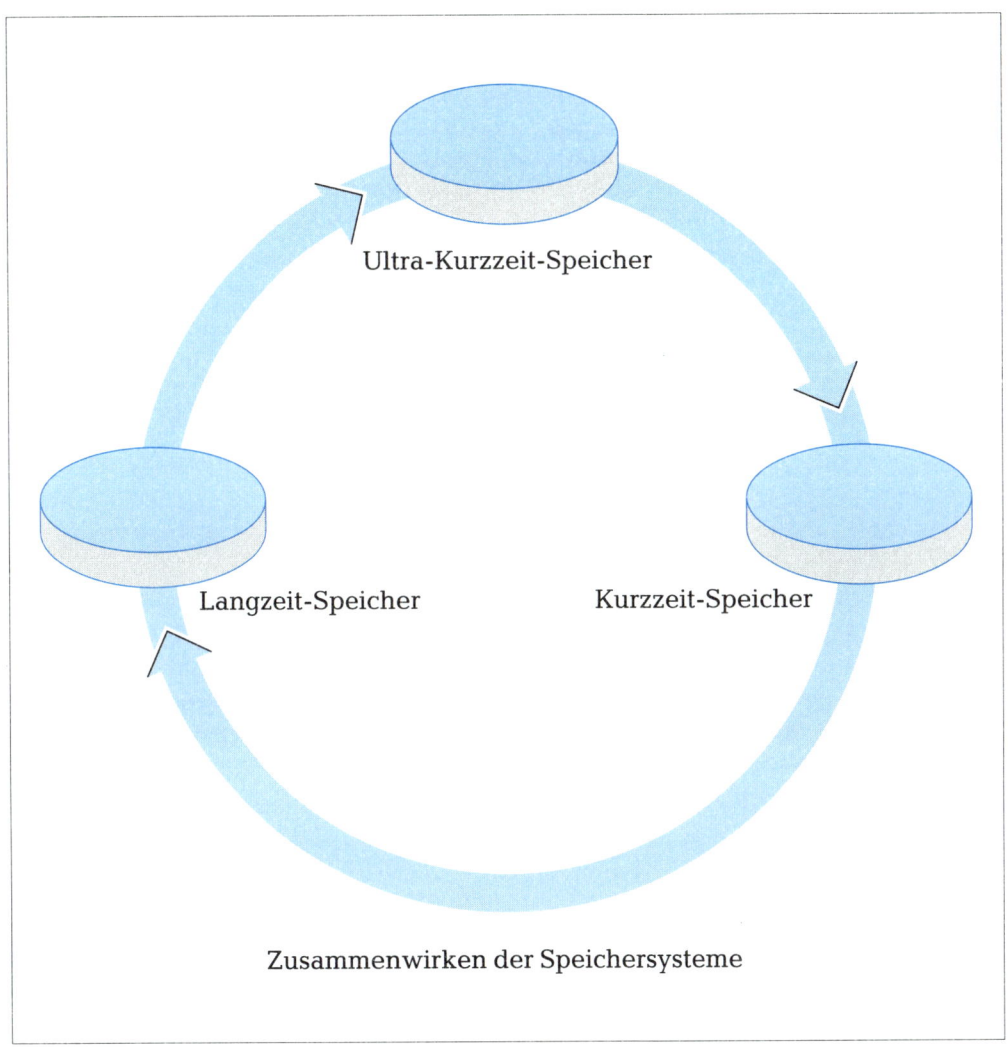

Zusammenwirken der Speichersysteme

Natürlich bewegen wir uns damit in Grenzbereichen unserer Speichersysteme. Aber das kann bei einem derart interaktiven System auch gar nicht anders sein. Wir können modellhaft annehmen, daß sich derartige Prozesse auf einer Zwischenebene abspielen, die vom Ultra-Kurzzeit-Speicher über den Kurzzeit-Speicher bis in den Langzeit-Speicher hineinreicht.

Informationsaustausch zwischen Speicherarten erfolgt auf einer ‚Zwischenebene'

Der Kurzzeit-Speicher

In ihm wird z.B. die Telefonnummer des Taxirufes abgelegt, die wir gerade aus dem Telefonbuch herausgesucht haben. In der Regel bleibt sie nicht lange in diesem Speicher erhalten. Das könnte sie auch gar nicht, denn dieser Speicher ist nicht allzu groß. In ihm können nur relativ wenig Informationen (ca. 5 bis 7 nicht im Zusammenhang stehende Wörter, Zahlen etc.) abgelegt werden. Und das auch nicht allzu lange – bis zu einigen Minuten etwa. Für das Merken der Nummer für den Taxiruf reicht das auch allemal. Zur Not murmeln wir sie so lange halblaut vor uns hin, bis wir die Nummer gewählt haben.

Speichern von wenigen, isolierten Informationen (wenige Minuten)

> **Machen Sie einen Test!**
>
> Diese Kapazität können Sie ganz leicht mit einem kleinen Experiment in Ihrer Familie oder in Ihrem Freundeskreis nachvollziehen. Bitten Sie Ihren Partner oder Ihre Freunde zu einem kleinen Test. Sie formulieren die Aufgabe so:
> „Ich werde euch jetzt nacheinander eine bestimmte Menge Wörter nennen. Bitte merkt sie euch, ich werde anschließend eure Merkfähigkeit testen!"
> Nennen Sie jetzt nacheinander im Abstand von einigen Sekunden zehn Substantive, die gewöhnlich nicht zusammen gehören.
> Zum Beispiel:
> *Schreibmaschine – Flugasche – Rasenmäher – Fahrradkette – Kochtopf – Anhänger – Teichrose – Landrat – Turmuhr – Zahnbürste*
> Bitten Sie anschließend Ihre Freunde oder Ihren Partner, diese Wörter in der richtigen Reihenfolge aufzuschreiben. Natürlich darf niemand abschreiben oder sich mit einem anderen über diese Wörter unterhalten.

Das Ergebnis wird Sie und wahrscheinlich auch Ihre „Testpersonen" überraschen. Die meisten von ihnen werden sich ca. sechs Wörter gemerkt haben. Die besten vielleicht auch sieben oder acht. Aber dann traten meist schon Probleme mit der Reihenfolge auf, oder es klafften Lücken zwischen den einzelnen Wörtern.
Jetzt liegt es vor allem an Ihnen, Ihre „Probanden" zu trösten. Denn das, was sie gerade gemeinsam

Kurzzeit-Gedächtnis kann im Durchschnitt sieben Informationen zwischenspeichern festgestellt haben, ist ganz normal und zeugt keinesfalls von mangelhafter Gedächtnisleistung. Es kennzeichnet lediglich die begrenzte Kapazität des Kurzzeit-Gedächtnisses.

Kurzzeit-Speicher – kein Massen-Speicher ...

Sie können tatsächlich nur eine sehr begrenzte Menge Informationen darin speichern. Ist dieser Speicher voll, werden alte Informationen einfach überschrieben. Das ist kein Mangel, sondern eine ganz normale Zwischenstufe auf dem weiteren Weg von Reizen und Informationen in größere Tiefen unseres Gedächtnisses. Denn die wichtigste Aufgabe des Kurzzeit-Speichers besteht nicht darin, Informationen lediglich zwischenzuspeichern. Er hat sie vor allem zu sichten und für eine Überführung in den Langzeit-Speicher auszuwählen.

Kurzzeit-Speicher „trifft wichtige Entscheidung"

...dafür aber höchst flexibel

Der Kurzzeit-Speicher ist ein hochorganisierter funktioneller Speicher, der in kürzester Zeit entscheidet, welche Informationen schnell wieder gelöscht werden, und welche für eine längere Speicherung vorgesehen sind. Er ist damit die Voraussetzung für ein flexibles Einstellen auf immer neue Lebenssituationen. Dieser Speicher sorgt dafür, daß unser Gedächtnis-Computer nicht schon im Kindesalter wegen Speicherproblemen „aussteigt".

Man nimmt an, daß die Informationen in kreisenden Erregungen abgespeichert werden. Diese Spuren werden über den Hippokampus, einem Abschnitt des limbischen Systems, stimuliert (siehe auch im Kapitel: *Was unseren biologischen Computer so leistungsfähig macht* auf den Seiten 27 und 28). Halten diese Stimulierungen an, führt das zu strukturellen und biochemischen Veränderungen (Konsolidierung). Die Informationen werden dauerhaft gespeichert und gehen in das Langzeit-Gedächtnis über.

Hippokampus verantwortlich, wenn es um Dauerhaftes geht

Die Rolle, die der Hippokampus hierbei spielt, ist noch nicht bis ins letzte Detail geklärt. Sicher ist aber eines: Fällt er aus, dann geht nicht mehr allzuviel. Patienten, die durch einen Unfall Verletzungen in diesem Bereich davontrugen, können neue Informationen nicht mehr langfristig speichern. An Ereignisse, die sie vor dem Unfall erlebt haben, können sie sich jedoch erinnern.

> **Noch ein Test, bitte!**
>
> Sie bitten denselben Personenkreis, mit dem Sie das vorherige Experiment unternommen haben, zu einem erneuten Test. Jetzt können Sie Ihre Probanden noch zusätzlich motivieren. Versprechen Sie ihnen, daß Sie jetzt eine Methode aufzeigen werden, die auch Gedächtniskünstler oder Mnemo-Techniker anwenden. Durch diese Technik, so erklären Sie Ihren Testpersonen, wird es ihnen möglich sein, nicht nur sechs oder sieben, sondern 20, ja sogar 25 Begriffe zu behalten. Und das sogar für Tage und Wochen.

Kann nun die begrenzte Kapazität des Kurzzeit-Speichers erhöht werden? Und wenn ja, wie? Dazu wieder ein kleines Experiment, das Sie gleich im Anschluß an das erste unternehmen könnten.

Übrigens, der Begriff Mnemo-Technik ist vom griechischen *mneme – Gedächtnis* abgeleitet, was wiederum auf *Mnemosyne*, eine Titanin aus der griechischen Sage und Mutter der Musen, zurückgeht.

Wichtig: Informationen auch an bildhafte Vorstellungen knüpfen

Durch paarweises Bündeln von Informationen ...

Bitten Sie also Ihren Zuhörerkreis, sich von den Wortpaaren, die Sie im Anschluß an die Vorbereitungen nennen werden, immer ganz außergewöhnliche und lebendige Bilder zu machen: Dazu geben Sie ein Beispiel vor:

Die Wortpaare nennen Sie nicht allzu schnell hintereinander – etwa mit einem Abstand um die zehn Sekunden. So, daß Ihre Testpersonen genügend Zeit haben, sich ihre Bilder zu machen.

> **Ihr erster Mnemo-Trick**
>
> „Also, ich nenne euch z.B. die Begriffe Puppenwagen und Katze! Ihr könntet euch jetzt z.B. vorstellen, daß ihr einen Puppenwagen im Wasser treiben seht. Darauf balanciert eine kleine Katze ganz vorsichtig hin und her und miaut dabei herzerweichend. Normalerweise schläft sie auf dem Wagen, aber irgendwie ist der ins Wasser gerollt. Wichtig ist, daß Ihr eine enge Verbindung zwischen diesen Wörtern herstellt, daß die vorgestellten Bilder möglichst in Bewegung sind und daß die Situation emotional wirkt."
>
> Im Anschluß daran nennen Sie Ihren Freunden 25 vorbereitete Wortpaare. Es sollten möglichst konkrete Begriffe sein, also etwa: *Puppenwagen und Katze, Sanduhr und Kofferraum, Spiegeleier und Tannenbaum* usw. Je weniger Zusammenhang zwischen den Begriffen besteht, um so besser. Ihre Freunde sollen in Gedanken ja gerade solche Vorstellungen entwickeln, wie sie eben beschrieben wurden.

Nach Abschluß dieses Übungsteiles nennen Sie jeweils ein Wort eines jeden Paares – also z.B. *Puppenwagen* – und bitten Ihre Freunde, das andere – *Katze* – zu ergänzen. Dabei ist es unerheblich, ob Sie jeweils das erste oder zweite Wort als Stichwort nennen. Das Egebnis wird alle überraschen. Die meisten werden sich an alle Wortpaare erinnert haben.

... läßt sich die Behaltensleistung steigern

Ein Wunder? Keinesfalls. Dieser Trick aus der Mnemo-Kiste wird auch Technik der *paarweisen visuellen Assoziation* genannt. Entscheidend dabei ist, daß Sie sich zu den Begriffspaaren visuelle Vorstellungen bilden, die möglichst genau und lebendig, am besten sogar total verrückt sind. In Tests hat sich gezeigt, daß es gleichfalls sehr wichtig ist, über die Vorstellungen einen engen Zusammenhang zwischen den beiden Begriffen herzustellen. Wenn Sie sich Puppenwagen und Katze in getrennten Bildern merken würden, wäre der Behaltenseffekt geringer.

Gedächtniskünstler kochen also auch bloß mit Wasser

Mnemo-Techniken zum Merken einfacher Informationen einsetzen

Verrückte Verknüpfungen sind die besten

Wenn wir diese Versuche analysieren, können wir folgendes feststellen: Einzelinformationen lassen sich gut speichern, wenn sie bei der Aufnahme paarweise gekoppelt und in lebhafte, detaillierte (möglichst verrückte) Bilder eingebettet werden. Wir können zunächst einmal davon ausgehen, daß das daran liegt, daß wir ja jetzt im Gehirn paarweise Netze anlegen, die sich nicht nur wechselseitig ergänzen, sondern auch mit zusätzlichen visuellen und emotionalen Netzen in Verbindung stehen.

Mnemo-Techniken – gut für's Kurzzeit-Gedächtnis

Auf jeden Fall kann man durch das Anwenden solcher Mnemo-Techniken (siehe dazu weiter unten) die Kapazität des Kurzzeit-Gedächtnisses enorm erweitern. Außerdem werden Sie feststellen, daß auf diese Art und Weise angeeignete und gespeicherte Informationen zu einem bestimmten Teil ins Langzeit-Gedächtnis übergehen. Diese Erscheinung läßt sich für Sie leicht nachvollziehen, wenn Sie die Kontrolle der oben beschriebenen Übungen nach einigen Tagen oder sogar nach einigen Wochen wiederholen. Sie werden feststellen, daß vieles behalten wurde.

... und was ist mit der Langzeit-Wirkung?

Hier gibt es ganz offensichtlich Auswirkungen auf das Langzeit-Gedächtnis. Wir können also annehmen, daß Mnemo-Techniken, die eigentlich dazu auserkoren waren, das Kurzzeit-Gedächtnis zu verbessern, auch für die Steigerung der Leistungen unseres Gedächtnisses insgesamt anwendbar sind. Zumindest läßt sich das bei einfach strukturierten Informationen (Wörtern, kurzen Sachinformationen etc.) leicht im Selbstversuch nachweisen.
Aber gilt das auch für komplexe Sachverhalte, also für das Erfassen, Verarbeiten, Abspeichern und Abrufen komplexer Arbeitsverfahren, Strategien, Handlungsabläufe etc.? Spielen da nicht auch noch andere Faktoren eine Rolle? Sicher kann ich im

Wie Informationen haften

Selbstversuch nachweisen, daß ich mit Mnemo-Techniken einen Einkaufszettel einfach besser behalte und ihn vielleicht auch zwei oder drei Tage nach dem eigentlichen Einkauf noch rekapitulieren kann.

Aber es stimmt einfach nicht, daß ich ihn oder alle bis dahin gemerkten Zettel auch noch in drei Jahren wieder parat habe. Mal ganz abgesehen davon, daß das ziemlich sinnlos wäre. Für ein sicheres Abspeichern von Informationen im Langzeit-Gedächtnis, d.h. natürlich vor allem ein erfolgreiches Abrufen, müssen noch andere, zusätzliche Faktoren eine Rolle spielen

Der Langzeit-Speicher

Hier werden praktisch alle gespeicherten Informationen verwaltet. Modellhaft können wir annehmen, daß diese über den Kurzzeit-Speicher eingegangenen Informationen beschriebene Zettel sind. Alle haben einen Eingangsstempel erhalten und sind in Ablagen mit einer bestimmten Dringlichkeitsstufe gelandet.

Dauerablage – Informationen mit „Eingangsstempel"

Informationen können verlorengehen

Und dann passiert mit diesen Zetteln oft genug dasselbe wie auf unserem Schreibtisch. Wenn wir die Zettel nicht bald wieder hervorholen, verschwinden die Informationen oder werden durch neue praktisch zugeschüttet. Sie geraten einfach viel zu oft aus unserem Blickfeld und werden vergessen. Entweder für immer oder bis zu einem ganz bestimmten Tag, an dem wir durch Zufall, einen ganz besonderen Umstand oder nach einer Generalinventur wieder auf sie stoßen.

Trotz Eingangskontrolle verschwinden Informationen

Was heißt „vergessen"?

Vergessen: Spuren zerfallen oder werden überschrieben

Womit wir auch schon beim Vergessen wären. Egal, ob wir davon ausgehen, daß die Spuren in unserem Gedächtnis verblassen und schließlich zerfallen (Zerfallstheorie), oder ob wir davon ausgehen, daß sie durch neues Wissen gestört und überdeckt werden (Interferenztheorie) – uns interessiert im Prinzip nur, daß wir vergessen.

Peinlich, peinlich...

Eingangsstempel entscheidet über Vergessen oder Behalten

Und das ist ja nicht nur für Sie persönlich ärgerlich. Es stört im allgemeinen auch die zwischenmenschlichen Beziehungen ganz erheblich. Stellen Sie sich vor, Sie holen Ihre Freunde vom Flughafen ab, und plötzlich fällt Ihnen siedendheiß ein: Sie hatten versprochen, die Blumen zu gießen, während Ihre Freunde im Urlaub sind. Und natürlich haben Sie das vergessen. Ihr Gehirn hatte den passenden Zettel einfach verlegt, oder er war unter dem Wust der Papierberge der letzten drei Wochen untergegangen. Wie auch immer, nicht nur die Blumen sind vertrocknet, auch Ihre Freunde werden eine leicht angesäuerte Miene machen, wenn Sie ihnen die Geschichte beichten.

Sie behalten, was Ihnen wichtig ist

So bleiben Informationen, die nur in die Ablage mit der untersten Dringlichkeitsstufe kommen, meist auf der Strecke. Werden Informationen dagegen in mehreren Abteilungen registriert, weil sie auch über mehrere Kanäle aufgenommen wurden, wird ihnen automatisch ein Stempel mit einer höheren Stufe aufgedrückt. Das geschieht ganz offensichtlich dadurch, daß zwischen den einzelnen Netzstrukturen entsprechende Informationen ausgetauscht werden. Sie kommen dann in ihren Abteilungen in Ablagen, die in einem Regal mit einer höheren Dringlichkeitsstufe stehen. Die Zettel haben damit eine etwas größere Chance, in unserem geistigen Blickfeld zu bleiben und geraten nicht so schnell in Vergessenheit.

Das Wichtigste ist allemal das Überleben

Auf eine noch höhere Dringlichkeitsebene kommen Informationen, bei denen unsere Gehirn-Abteilungen durch Nachforschen in den Tiefen des Gedächtnisses festgestellt haben, daß sie zu Gebieten gehören, die für uns wichtig sind. Dazu gehören einmal ganz grundsätzliche Fragen des Überlebens. Diese kommen auf der obersten Ebene wahrscheinlich in eine Sonderablage. Dazu gehören aber auch Dinge, die uns schon lange interessieren, die uns Spaß machen. Auch diese Zettel kommen quasi fast automatisch auf der höchsten Ebene an. Informationen, bei denen diese Art Nachforschung negativ ausfällt, haben zunächst nur eine relativ geringe Chance, auf der absoluten Merk-Ebene zu landen. Das kann eben nur dann passieren, wenn wir sie über zusätzliche Merkmale als besonders wichtig kennzeichnen (siehe dazu auch Kapitel: *Phase 2: Festigung* auf den Seiten 99 bis 110).

Lebenswichtige und interessante Informationen kommen in eine Sonderablage

Warum Wichtiges praktisch nicht „verschwinden" kann

Je höher die Dringlichkeitsstufe ist, um so geringer ist die Möglichkeit, daß diese Informationszettel verschwinden. Das liegt wahrscheinlich ganz einfach daran, daß auf der obersten Ebene wesentlich weniger Körbe stehen. Zum anderen sind vielleicht auch noch zusätzliche Unterabteilungen mit der konsequenten Sicherung dieser Informationen beschäftigt.

Aber natürlich gehört zu dem, was wir uns merken müssen, ja nicht nur eine einzelne Information und ein kurzer Sachverhalt. Das haben wir der Einfachheit halber bisher immer nur angenommen. In unserem Gedächtnis müssen auch Einstellungen, Verhaltensweisen, motorische Fertigkeiten (Radfahren etwa), Emotionen usw. abgespeichert werden. Für diese Aufgaben gibt es im Langzeit-Speicher weitere Untersysteme.

Langzeit-Speicher noch mal unterteilt

Fakten haben ihren Ort...

Einfache Informationsstrukturen werden innerhalb des Langzeit-Gedächtnisses in einer Art *Fakten-Speicher* abgelegt. Hier finden wir alles, wonach man folgendermaßen fragen könnte:

Wann und wo hat es stattgefunden?
Wie ist es abgelaufen?
Wer war daran beteiligt?

...ebenso wie Verhaltensweisen

Im *semantischen Speicher* werden Bedeutungen von Regeln und Verhaltensweisen abgespeichert. Hier finden wir Anweisungen darüber, was man in bestimmten Situationen tut und was nicht. Hier haben wir abgespeichert, wie man 1 + 1 zusammenaddiert, eine Verfahrensanweisung schreibt oder ein Vogelhäuschen baut.

...und das System der Bewegungen

Das dritte System ist der *Bewegungs-Speicher*. Er ist für alle motorischen Prozesse (das Gehen, Laufen, Schreiben usw.) zuständig.

Natürlich geht es nicht ohne Zusammenarbeit

Klar, daß das auch wieder nur eine sehr vereinfachte Darstellung ist. Klar ist auch, daß diese drei Untersysteme nicht losgelöst voneinander funktionieren. Ein Vogelhäuschen kann man nur bauen, wenn man neben Verfahrenskenntnissen (einer Planskizze, die man im Kopf hat) auch über entsprechende motorische Fertigkeiten verfügt. Und wenn man eine Verfahrensanweisung schreibt, sollte man neben Kenntnissen über deren Aufbau natürlich auch über konkrete Sachkenntnisse verfügen. Ganz abgesehen davon, daß das Ganze nur

Sinn macht, wenn man auch schreiben kann (motorische Fertigkeit + Sprachkenntnisse).

> Fazit: Unser Gedächtnis funktioniert als sinnvolles Zusammenwirken aller Speichersysteme.

Was man mit Mnemo-Techniken erreichen kann

Sind Mnemo-Techniken nur etwas für Gedächtnis-Künstler, oder taugen sie auch für den Alltag? Gibt es besonders wirkungsvolle Varianten? Wenn ja, wie kann man sie erlernen?

Nehmen wir uns dazu noch einmal unsere Tests aus dem vorangegangenen Kapitel vor und schauen uns an, warum die Behaltens-Leistung im zweiten so beachtlich anstieg:

Warum der zweite Test besser klappte

- Es wurde eine quasireale Situation geschaffen (vor Augen geführt). Diese ist durch handelnde Subjekte und Objekte gekennzeichnet, die in einer sehr engen interaktiven Verbindung zueinander stehen (sie haben etwas miteinander zu tun).
- Die gesamte Situation verläuft in einem zeitlichen und räumlichen Umfeld. Das heißt: Ursprünglich isolierte Begriffe werden zu greifbaren (und damit begreifbaren) Gegenständen.
- Informationen wurden gekoppelt. Vorgegebene (also neue oder fremde) Begriffe wurden mit eigenen (abgespeicherten) Kenntnissen, Vorstellungen usw. verknüpft.
- Durch die Verbindung von verbalen Elementen (den Begriffen) mit bildhaft-emotionalen Elementen wurde eine sehr enge Beziehung zwischen linker (verbal) und rechter (bildhaft emotional) Gehirnhälfte hergestellt.

Ganzheitlich ist am wirkungsvollsten

> **Sie haben praktisch das „ganze Gehirn" genutzt**
>
> Durch das bewußte Herbeiführen dieser Merkmale nehmen Sie Informationen nicht einfach nur auf. Zusätzlich zur mehrkanaligen Perzeption beziehen Sie weitere Gehirnstrukturen für die Informationsverarbeitung mit ein. Derart ganzheitlich aufgenommene und verarbeitete Informationen werden wesentlich besser behalten. Sie haben die Chance, auf der Ebene mit der höchsten Dringlichkeitsstufe zu landen.

Dieser „Trick" ist altbekannt

Die Bibel als Anregung

Eine ganzheitliche Aufnahme und Verarbeitung von Informationen ist übrigens nicht neu. Denken Sie nur an Märchen, die Bibel oder die Schriften anderer Religionen. Sie zeichnen sich alle durch eine enorme Bilderfülle aus. Was uns heute allein als ein Mittel der Beschreibung und der besonderen Erzählkunst erscheint, hatte ursprünglich einen ganz anderen Hintergrund: Bevor die Schrift entstand, gab es allein das gesprochene Wort. Erfahrungen, Lehren und Weisheiten, aber auch eher profane Berichte, konnten nur mündlich weitergegeben werden.

Bildhafte Sprache läßt sich gut speichern

Trotz „Schummeln": Bildhafte Berichte haben Bestand

Nur Informationen, die in einer zusammenhängenden Geschichte eingebettet waren, die bildhaft und emotional vorgetragen wurden, nur solche Informationen hatten Bestand. Sie konnten in den Köpfen der Erzähler und Berichterstatter gespeichert und zum geeigneten Zeitpunkt auch sicher und vollständig wiedergegeben werden. Daß dabei hin und wieder etwas geschummelt wurde oder dennoch etwas verlorenging, ist menschlich und damit verständlich. Und nicht zuletzt deswegen hat sich ja auch die Schrift als das sicherere Speichermittel durchgesetzt.

Machen Sie eine Geschichte aus isolierten Wörtern!

Eine Methode, die sich ganz deutlich dieser Prinzipien bedient, beruht darauf, isolierte Informationen in eine sinvolle Geschichte einzubetten. Diese Verfahrensweise könnte man *Verkettungs-Methode* nennen.

Wenn Sie wieder einmal gezwungen sein sollten, sich zusammenhanglose Wörter merken zu müssen wie in unserem ersten Test, könnten Sie sich z.B. die folgende Geschichte ausdenken. Hier noch mal die Wörter: *Schreibmaschine – Flugasche – Rasenmäher – Fahrradkette – Kochtopf – Anhänger – Teichrose – Landrat – Turmuhr – Zahnbürste.*

Für den, der gern Geschichten erzählt

Meine alte *Schreibmaschine* hat nun wirklich ausgedient. Aber was mache ich damit? Metall brennt nun einmal nicht, sodaß ich sie wie *Flugasche* über meinen Rasen ausstreuen könnte. Der müßte übrigens wieder mal gemäht werden. Aber leider ist der *Rasenmäher* seit voriger Woche hinüber. Ist ja auch kein Wunder: Beim Mähen bin ich über die alte *Fahrradkette* gefahren, die zusammen mit einem alten *Kochtopf* schon ewig im Garten liegt. Eigentlich wollte ich das ganze Zeug mit dem *Anhänger* von meinem Nachbarn zum Sperrmüll fahren. Bloß der hat den selber gebraucht – angeblich, um neue *Teichrosen* für sein Feuchtbiotop zu holen. Da half mir auch der Tip von unserem *Landrat* nichts, ich solle das alles nicht so tragisch nehmen. Der sollte sich mal lieber darum kümmern, daß unsere *Turmuhr* wieder funktioniert. Na ja, was soll's. Schließlich habe ich mit einer alten *Zahnbürste* die Typen der Schreibmaschine gereinigt.

Das konnten schon die alten Griechen

Übrigens sind diese Methoden schon sehr alt. Das sollten Sie berücksichtigen, wenn Sie auf Autoren oder Trainer stoßen, die solche oder davon abgewandelten Merk-Techniken als ihre eigenen Erfindungen ausweisen. So war die sogenannte *Orts-*

Unser Denk- und Lernorgan

War es wirklich Simonides?

Assoziations-Methode (Locimethode) schon bei den alten Griechen bekannt.
Der Dichter Simonides – heißt es – konnte nach dem Einsturz einer Festhalle alle Personen identifizieren, die mit ihm zu Tisch saßen, obwohl sie alle bis zur Unkenntlichkeit entstellt waren. Er konnte sich nämlich daran erinnern, wer auf welchem Platz gesessen hatte. So konnte er das Bild rekapitulieren, was sich ihm vor dem Einsturz bot, den er nur überlebte, weil er vor die Tür gerufen wurde.

Sie dürfen gern davon profitieren!

Diese Methode können Sie für sich folgendermaßen gestalten: Ordnen Sie Begriffe, Wörter oder Zahlen, die Sie sich merken müssen, einfach bestimmten Körperteilen zu. Ihr Körper wird damit zum „Merkzettel" auf den Sie die zu merkenden Begriffe „draufschreiben".

Wie machen Sie z.B. einen Einkaufszettel?

Stellen Sie sich vor, in der Straßenbahn fällt Ihnen ein, was Sie noch einkaufen müssen. Jetzt gibt es zwei Möglichkeiten: Entweder Sie haben etwas zum Notieren in Ihrer Tasche, dann würde Ihr Einkaufszettel wohl ganz normal aussehen.
Wenn Sie aber nichts zum Schreiben haben, dann laufen Sie Gefahr, das eine oder andere im Supermerkt zu vergessen. Sie wissen ja: Im Kurzzeit-Gedächtnis bleiben meist nicht mehr als sieben Wörter „hängen". Sie könnten sich diesen „Einkaufszettel" aber auch anders merken.

Einkäufe:

1 Suppenhuhn
Suppengrün
3 Koteletts
1 Beutel Kartoffeln
1 Paket Reis
5 Fl. Bier
5 Fl. Mineralwasser
Tiefkühlgemüse
2 Pakete Windeln
1 Packung Trockenmilch

Ihr Einkaufszettel – falls Sie etwas zum Notieren haben

Mnemo-Techniken

> **Es geht auch so:**
>
> Also auf dem Kopf liegt das *Suppenhuhn*. Das ist ziemlich kalt, weil ich es aus der Tiefkühltruhe geholt habe. Natürlich brauche ich dazu etwas *Suppengrün*. Das lege ich auf die linke Schulter, was ein bißchen stört, weil es immer am Ohrläppchen kitzelt. Auf der rechten liegen die drei *Koteletts*. Uups, da fällt eins runter. In der linken Hand halte ich einen Beutel *Kartoffeln*. Mein Gott, sind die schwer. In der rechten zwei Tüten mit *Reis*. Ich muß dabei ganz schön vorsichtig sein, damit mir die beiden Tüten nicht aus der Hand fallen. Um den Bauch binde ich mir lauter *Bier-* und *Mineralwasserflaschen*. Immer abwechselnd. Insgesamt zehn Flaschen. Das zieht ganz schön nach unten. Mit dem linken Fuß schiebe ich ein Paket *Tiefkühlgemüse* vor mir her. Fußball war eigentlich noch nie meine Stärke. Mit dem rechten Fuß ziehe ich zwei *Pakete Windeln* und eine *Packung Trockenmilch*, die ich mir dort angebunden habe, zur Kasse. Komme mir wie ein angeketteter Strafgefangener vor.

Probieren Sie es: Nach ein paar Trainingseinheiten klappt es praktisch immer

Je witziger Sie sich das ausmalen, um so sicherer werden Sie sich die Dinge merken können. Wichtig dabei ist, daß Sie von einer bekannten Struktur (Ihren Körperteilen) ausgehen, an der Sie Ihre „Merk-Wörter" festmachen. Diese bekannte Struktur könnten auch die einzelnen Zimmer Ihres Hauses oder bekannte Straßen in Ihrem Wohngebiet sein. Ganz nach Ihrem Gusto. Wenn Sie sich so durch Training einmal eine feste Struktur geschaffen haben, werden Sie im Geiste immer die Bilder abfragen, die Sie sich gemalt haben. Also, was lag noch mal auf dem Kopf, der linken Schulter...?

Wichtig: Bekannte Struktur zum Draufsatteln

> Die beiden Techniken ähneln sich im Prinzip. Beide gehen von einer bekannten Struktur aus. Bei der Verkettungsmethode ist es eine Geschichte, bei der Orts-Assoziations-Methode sind es Ihre Körperteile, auf die Sie neue Informationen draufsatteln. Vergessen Sie aber bitte nicht, möglichst viele Emotionen dazuzupacken. Dann klappt es am besten.

Sie können es auch anders anfangen

Eine weitere Möglichkeit ist das *Reduzieren bzw. Komprimieren von Lern-Einheiten*. Das ist schon etwas komplizierter und läßt sich demzufolge auch nicht so einfach erlernen. Hier müssen Sie versuchen, aus einer größeren Menge von einzelnen Informationen jeweils Gruppen zu bilden, die sich durch irgendeinen Zusammenhang auszeichnen. Wichtig ist dabei auch wieder, daß Sie am Ende auf nicht mehr als fünf bis sieben Merk-Einheiten kommen.

Schwerer zu erlernen, trainiert das Kurzzeit-Gedächtnis aber ungemein

Denken Sie an Oberbegriffe...

Erst komprimieren ...

Dieser Zusammenhang, z.B. ein Oberbegriff, wird zu einer Art Merk-Form. Ihr Einkaufszettel wird damit komprimiert und könnte wie folgt aussehen:
BABY (Windeln, Trockenmilch)
FLEISCH (Suppenhuhn und Koteletts)
GETRÄNKE (Bier und Mineralwasser)
GEMÜSE (Tiefkühlgemüse und Suppengrün)
NÄHRMITTEL (Kartoffeln und Reis)
Jetzt sind es nur noch fünf Merk-Formen statt zehn. Das Ganze läßt sich fürs Merken noch einmal reduzieren: Nehmen Sie nur die Anfangsbuchstaben der jetzt entstandenen fünf Oberbegriffe.
Sie kommen auf: **B F G G N**.

...bilden Sie aus denen eine Einheit...

Das läßt sich ziemlich gut merken, insbesondere, wenn Sie dem noch einen bestimmten Rhythmus geben. Wie ein Funker:
B (lang) **F** (lang) **G** (kurz) **G** (kurz) **N** (lang).
Oder Sie legen eine bekannte Melodie darunter. Sie könnten aber noch einen Schritt weitergehen: Machen Sie aus den Anfangsbuchstaben doch einfach einen Merkreim, z.B.:
... **b**loß **f**ür **g**utes **G**eld **n**atürlich.

...und üben Sie, sie wieder aufzulösen

Im Supermarkt müssen Sie diese Verschlüsselungen dann schrittweise wieder auflösen (dekomprimieren).
Wie schon gesagt, diese Methode ist vielleicht nicht ganz so einfach wie die anderen, aber nach etwas Training funktioniert sie. Und Sie merken es sicher schon: Eigentlich sind solche Übungen fast schon ein eigenständiges Gedächtnisspiel.

... dann dekomprimieren

Mnemo-Techniken – gleichzeitig gutes Gehirn-Training

Insbesondere die zuletzt genannte Technik ist ein geeignetes Mittel, um Ihr Gedächnis zu trainieren. Das Komprimieren und Dekomprimieren regt nämlich die einzelnen Gehirnbereiche zur Arbeit an. Das ist ein interessanter Zusatzeffekt. Sie können damit neben Ihren Alltagsaufgaben eine Art Gehirn-Jogging betreiben.

Die Technik kennen Sie sicher schon

Bauen von Eselsbrücken: Was damit gemeint ist, braucht wohl nicht erklärt zu werden. Sie helfen vor allem beim Merken von Namen. Auch hier gilt: Je witziger und ungewöhnlicher, je bildhafter und prägnanter Ihre Assoziationen sind, um so besser.
Wenn Sie es also vorrangig mit Situationen zu tun haben, bei denen Sie sich einzelne Informationen merken müssen, ist ein leistungsfähiges Kurzzeit-Gedächtnis gefragt. Hier können Sie mit Mnemo-Techniken beachtliche Erfolge erzielen. Voraussetzung dafür ist aber, daß Sie diese Methoden trainieren. Wie? Ganz einfach, indem Sie damit beginnen. Testen Sie die unterschiedlichen Methoden, und freunden Sie sich mit denen an, die am besten für Sie geeignet sind.

Ja, ja, ein Esel ist ...

Was bringt das Gehirntraining?

Viele Bücher können Ihnen dabei helfen

Weitere Möglichkeiten, Ihr Gedächtnis zu trainieren, finden Sie in einer Reihe von Publikationen, die unter den Begriffen Gehirn-Jogging oder Gedächtnistraining erscheinen. In diesen Büchern werden Übungsaufgaben und Übungsfolgen angeboten, die vor allem Ihr Kurzzeit-Gedächtnis trainieren. Solch ein Training fördert – bei entsprechendem Fleiß – Ihre Gedächtnisleistungen. Probieren Sie es aus.

Training ist auch eine Zeitfrage

Einen Nachteil haben solche Übungen aber. Sie benötigen praktisch immer neue Übungsanleitungen. Klar, es gibt inzwischen genügend Bücher, die so etwas anbieten. Aber die müssen Sie zunächst mal durcharbeiten, um sie dann anwenden zu können.

Und noch etwas kommt hinzu: Die Wirkung eines solchen Gehirntrainings zeigt sich, insbesondere bei komplexen Aufgabenstellungen, nur sehr mittelbar. Effektiver und vor allem motivierender wäre es dann wohl doch, wenn Sie sich an ein Training gewöhnen könnten, das folgende Merkmale hätte:

Wie üben Sie am sinnvollsten?

– Es muß praktisch überall und ohne Hilfsmittel anwendbar sein.
– Es sollte einen direkten Bezug zu Ihren alltäglichen Aufgaben haben.
– Es muß auch für komplexe Aufgabenstellungen geeignet sein.
– Die Trainings- oder Lernergebnisse sollten sofort spürbar sein.

Daß es sich dabei nicht mehr nur um einzelne Lerntechniken handeln kann, dürfte klar sein. Solche komplexen Aufgabenstellungen erfordern auch ein komplexes Herangehen an die Lösung. Wie das aussehen kann, lesen Sie im zweiten Teil.

Kommunikativ orientiertes Lernen

Ein Prozeß – drei Phasen

Ist diese Methode schnell erlernbar? In welchen Situationen kann man sie anwenden? Welcher Unterschied besteht zwischen dem Lernen einfacher Informationen und komplexer Sachverhalte? Was unterscheidet diese Art zu lernen von anderen Methoden?

Im ersten Teil des Buches haben wir uns vor allem mit den Prozessen beschäftigt, die im Gehirn beim Denken und Speichern von Informationen ablaufen. Wir haben dabei das Phänomen „Gedächtnis" – vereinfacht ausgedrückt – so definiert: Etwas im Gedächtnis haben, heißt, sich an Gelerntes erinnern. Wenn sich jemand leicht und schnell an den gelernten Stoff erinnert, dann sprechen wir von einem guten Gedächtnis. Hat er damit Schwierigkeiten, dann hat er ein schlechtes Gedächtnis. Bei den meisten von uns dürfte die Wahrheit zwischen diesen beiden Extremen liegen.

Was heißt noch einmal: Sich Erinnern?

Was heißt eigentlich „Lernen"?

Dabei wird Gelerntes landläufig oft mit reinem Wissen, also mit dem Beherrschen von Zahlen, Fakten, Definitionen etc. gleichgesetzt. Wie einfache, isolierte Informationen effektiv gelernt und sicher abgespeichert werden können, hatten wir im Kapitel *Was man mit Mnemo-Techniken erreichen kann* erarbeitet.

Natürlich ist mit Gelerntem auch der ganze Bereich des Könnens gemeint: das Beherrschen motorischer Fertigkeiten – das Radfahren etwa – oder die Anwendung angeeigneten Wissens im Berufsall-

Lernen heißt: Wissen und Können aneignen

tag, im Privatleben, bei der Erziehung der Kinder etc. Hier könnten wir Beispiele ohne Ende anführen.

Lernen – kein Selbstzweck

Lernen betrachten wir in diesem Zusammenhang als einen Prozeß, in dem wir uns Wissen und Können aneignen. Und zwar so, daß wir es zu einem späteren Zeitpunkt auch sinnvoll anwenden können. Dabei ist die Steigerung unseres Wissens und Könnens in der Regel kein Selbstzweck.

Zunächst heißt lernen: Reagieren

Lernen ist vor allem Reaktion auf die Notwendigkeit, das eigene Verhalten den Umwelt-Bedingungen anzupassen bzw. diese für das eigene Leben nutzbar zu machen. Wobei mit Umwelt-Bedingungen die Vielzahl natürlicher, vor allem aber die große Menge gesellschaftlicher Einflüsse und Beziehungen gemeint ist.

„Überleben" schnell gelernt

So lernt der Mensch in der Regel meist schon als Kind sehr schnell und nachhaltig, daß eine Kerze nicht einfach nur heiß ist. Ganz offensichtlich sind in unseren festprogrammierten Speicher bereits Erfahrungen hineingeschrieben worden, die besagen, daß sehr hohe Temperaturen schädlich oder gar tödlich für uns sein können. Es bedarf also oft nur eines Schlüsselreizes, um uns lernen zu lassen, daß bestimmte Umweltereignisse (hier: hohe Temperaturen) unser Weiterleben gefährden.

Wir können das Gelernte übertragen ...

Wir lernen dabei automatisch eine Reihe ziemlich komplexer Reaktionen und Schlußfolgerungen. So werden wir also nicht nur schnell die Hand zurückziehen, wenn wir an etwas Heißes gefaßt haben. Das ist eine rein physiologische Reaktion und erfolgt automatisch. Wir werden in Zukunft Kerzen, eine Gasflamme oder offenes Feuer als heiß und damit als gefährlich erkennen. Wir passen unser Verhalten so an, daß wir uns nicht mehr verbrennen können. Ist es dennoch passiert, halten wir die

Hand in kaltes Wasser. Aber das ist eigentlich schon wieder ein anderer Lernprozeß.

... und in anderen Situationen anwenden

Übrigens scheint das Lernen bei solchen Vorgängen alles andere als ein Prozeß zu sein. Diese Erkenntnisse und Verhaltensweisen prägen sich quasi spontan in unserem Gedächtnis ein und sind praktisch nicht mehr auszulöschen. Darüber hinaus laufen im semantischen Speicher (siehe dazu auch im *Kapitel Wie Informationen im Gedächtnis haften bleiben*) bei ähnlichen Erscheinungen assoziative Prozesse ab. Durch Vergleichen bestimmter Merkmale (brennende Flamme) erkennen wir auch einen Ofen, in dem Feuer brennt, als heiß. Solche Assoziationen schützen uns davor, gefährliche Erfahrungen mehrmals machen zu müssen.

Weil wir denken können, fassen wir nicht zweimal ins Feuer

Klar: Was Spaß macht, fällt leicht. Aber was ist mit den anderen Dingen?

Im ersten Kapitel hatten wir festgestellt, daß wir auch all die Dinge, die uns Spaß machen, an denen wir Interesse haben, nicht nur schnell erfassen und begreifen, sondern auch relativ mühelos beherrschen lernen. Auch hier kommt uns das Lernen kaum wie ein langwieriger und schon gar nicht beschwerlicher Prozeß vor. Warum erlernen wir nun bestimmte Verhaltensweisen spontan, andere leicht, den Rest aber nur unter großen Mühen? Um diesen Weg zunächst ein wenig anschaulicher

Interesse und Spaß: Wir lernen immer noch schnell

Zum Glück ist Lernen nichts Geheimnisvolles oder etwas, was von Mensch zu Mensch total verschieden ist. Lernen ist ein Prozeß, den man durchschauen und damit auch beschreiben und analysieren kann. Doch leider hilft die Kenntnis allein noch nicht allzuviel weiter. Erst wenn wir verstanden haben, die einzelnen Phasen und Schritte auf dem Weg zu mehr Wissen und Können positiv zu beeinflussen, erst dann gilt: Wir haben unseren Lernstil gefunden.

zu machen, stellen Sie sich bitte folgende Personen vor, die vor durchaus alltäglichen Lernaufgaben stehen.

Kennen Sie auch solche Probleme?

Da ist erstens Frau Liebig, 38 Jahre, Hausfrau. Sie hat sich an der Volkshochschule zum Englisch-Kurs angemeldet, weil ihr Schul-Englisch doch schon arg verschüttet ist. Ihre Kinder haben inzwischen Englisch in der Schule und löchern sie mit Fragen wie: „Mutti, warum heißt *Ich habe Hunger* auf englisch *I´m hungry* und nicht *I have hunger?*" Außerdem beneidet sie ihre Freundin, die sich ihre amerikanischen Lieblingsfilme immer im Original ansehen kann.

Lernanlässe gibt es mehr als genug ...

Und da ist zweitens Herr Ziel, 44 Jahre, Ingenieur. Er ist in einem Großunternehmen tätig. In seinem Betrieb werden neue ökologisch orientierte Verfahrenstechniken eingeführt. Herr Ziel soll diese Einführung begleiten und seine Kollegen in die neuen Technologien einweisen. Dafür wurde er von seiner Firma auf einen fünfwöchigen Intensivkurs geschickt.

Ganz entscheidend: Klare Zielstellung und wirksame Motivation

Unsere Beispielpersonen stehen also vor einer Aufgabe, bei der eine mehr oder weniger deutliche Zielstellung am Ende ihrer Ausbildung steht. Eine Voraussetzung, die gar nicht hoch genug eingeschätzt werden kann. Denn wie oft wurden wir

... leider auch viele sinnlose

schon zu Weiterbildungs-Veranstaltungen, Vorträgen und Seminaren „verdonnert", von denen wir nichts hatten. Aber auf die werden wir noch kommen. Vor allem auf die Frage, wie man selbst daraus noch etwas machen kann.

Gehen wir weiterhin davon aus, daß Frau Liebig und Herr Ziel auch motiviert sind, ihre Ausbildung erfolgreich zu Ende zu bringen. Wer besser oder wirksamer motiviert ist, können wir nur erahnen, da wir nicht genau wissen, ob der private Antrieb bei Frau Liebig stärker wirkt als der berufliche bei Herrn Ziel. Nehmen wir einfach an, beide sind gleich gut motiviert. Mit einer klaren Zielstellung und einer ausgeprägten Motivation sind in unseren Beispielfällen zwei ganz entscheidende Voraussetzungen erfüllt, damit das Lernen überhaupt funktionieren kann.

Ein Prozeß – drei Phasen

> Wie sieht er aber nun aus, der Lernprozeß? Nach unserer Eingangsdefinition im Prinzip ganz einfach: Der Lerner erhält neue Informationen, mit denen er sich so lange auseinandersetzen muß, bis er sie sinnvoll in der Praxis anwenden kann.

Bei Frau Liebig werden diese neuen Informationen vor allem Vokabeln und grammatischen Regeln sein. Bei Herrn Ziel wird es sich um Verfahrenskenntnisse, aber auch um ökologisches Grundwissen und gesetzliche Vorschriften handeln.

Die neuen Informationen werden Ihnen entweder durch einen Lehrer, Trainer oder Professor vermittelt. Die zweite Möglichkeit: Sie eignen sie sich selbständig an, indem Sie z.B. Fachliteratur lesen oder Seminarunterlagen durcharbeiten. In den meisten Fällen wird es sich um Mischformen handeln. Nennen wir die erste Phase also die *Vermittlungs- und Aneignungsphase.*

Phase 1:
Vermittlung und Aneignung

Dem schließt sich eine Phase an, die wir vom Fremdsprachen-Lernen wahrscheinlich noch gut in Erinnerung haben. Dort mußten in allerlei Übungen die richtigen Verbformen eingesetzt, Lektionstexte laut gelesen und übersetzt und neue Vokabeln (meist zu Hause) gelernt werden. Waren die Einsetzübungen noch relativ mühelos, ja fast mechanisch zu lösen, wurde es beim Lesen und Übersetzen schon schwieriger. Aber auch das war noch irgendwie hinzubekommen. Wie dann aber die

Phase 2:
Festigung

neuen Vokabeln zu lernen und zu festigen waren, das blieb unserer Phantasie überlassen. Was in dieser Phase zu verbessern war, konnten wir oft nur ahnen oder versuchen. Aber dazu später. Geben wir dem Kind erst einmal einen Namen und nennen es schlicht und einfach *Festigungsphase*.

Phase 3: Anwendung

Wenn wir diese Vokabeln und die grammatischen Regeln, oft mehr schlecht als recht, zu Hause gelernt hatten, mußten sie in den nächsten Unterrichtsstunden in diversen Übungen angewendet werden. Dabei waren dann z.B. Rollenspiele aufzuführen, in denen uns neben fremdsprachlichen Äußerungen auch noch schauspielerisches Geschick abverlangt wurde.

Wie diese Übungen auch aussahen, sie waren dazu angetan, das erworbene Wissen weiter zu festigen und mehr oder weniger praxisnah anzuwenden. Aus diesem Grunde kann dieser Abschnitt auch nur *Anwendungsphase* heißen.

> Also: Es geht um die folgenden drei Phasen:
> 1. Vermittlungs- und Aneignungsphase
> 2. Festigungsphase
> 3. Anwendungsphase

Werden alle Phasen des Lernens berücksichtigt?

In der Erwachsenenbildung stellt man nun folgendes Phänomen fest:

Da finden Weiterbildungs-Veranstaltungen statt, bei denen ein gigantischer Aufwand betrieben wird. Angefangen von Farbfolien auf Overheadprojektoren, Dia- und Tontechnik bis hin zu Videoprojektionen. Da wird in Vorträgen das ganze Register an mehrkanaliger Vermittlung gezogen und in Seminaren als lernmethodischer Höhepunkt auch die eine oder andere Gruppenarbeit organisiert. Das klappt auch alles ganz gut. Meist sind wir in der Lage, das, was da präsentiert wird, auch zu erfassen. Aber *können* wir es damit auch schon?

Die Realität sieht doch meist ganz anders aus: Die Dozenten und Seminarleiter nehmen offenbar an, daß wir all das, was sie sich selbst in Jahren erarbeitet haben, nicht nur sofort verstehen, sondern nach einem solchen Vortrag oder Seminar auch schon beherrschen.

Erwachsenenbildung: Lern-Phasen werden vernachlässigt

Man hat's kapiert, aber kann's nicht anwenden

Die Festigungs- und die Anwendungsphase werden leider sträflichst vernachlässigt. Daß das nicht funktionieren kann, scheinen die meisten von ihnen aber doch zu ahnen, denn immerhin ermahnen sie uns, das Gehörte zu Hause noch einmal durchzuarbeiten. Aber wie, das erfahren wir nicht. Und so bleibt es uns und unserer Phantasie überlassen, was wir nun mit dem neuen Stoff anfangen.

War es in der Schule denn besser?

Die Erinnerung an die Schulzeit hilft da auch nicht viel weiter. Denn dort haben wir im besten Fall zwar methodisch richtig lernen dürfen. Vielleicht hat das in einigen Fällen auch Spaß gemacht. Aber wie wir zu lernen haben, vor allem, wie wir als Erwachsene lernen können, das hat uns niemand vermittelt. Also versuchen wir es ganz allein.

Und – was können wir jetzt tun?

Wenn wir effektiv, d.h. schnell und nicht motivationstötend lernen und dabei auch noch möglichst alles behalten wollen, stehen wir vor folgenden Aufgaben:
Wir müssen *erstens* aus der Vermittlungs- und Aneignungsphase schon so viel herausholen, daß wir den neuen Lernstoff relativ gut verstehen und in Ansätzen sogar beherrschen. Dadurch halten wir die Nacharbeit gering.
Wir müssen *zweitens* die Festigungsphase so gestalten, daß die Behaltensleistung möglichst groß ist. Dabei wird der neue Stoff so trainiert, daß er gefestigt (jederzeit abrufbar) ist. Damit werden die

*Phase 1:
Stoff verstehen und schon festigen*

*Phase 2:
Training, um Stoff weiter zu festigen*

Phase 3:
Auf die Praxis ausgerichtet

Voraussetzungen für eine sinnvolle Anwendung geschaffen. Wichtig dabei: Die Übungen dürfen nicht eintönig und zeitraubend sein.
Und *drittens* sollte die Anwendungsphase einen möglichst direkten Bezug zur bevorstehenden praktischen Anwendung des Gelernten schaffen. Hier geht es vor allem darum, wirklich anwendungsbereites Wissen und Können auszuprägen.
Insbesondere dann, wenn es um komplizierte Sachzusammenhänge geht, muß dem Zusammenwirken dieser drei Phasen besondere Aufmerksamkeit geschenkt werden. Lerntechniken, die nur auf einzelne Phasen ausgerichtet sind, können da nicht weiter helfen. Das gilt selbst dann, wenn sie für bestimmte Aufgaben sehr effektiv sind.

Was heißt „kommunikativ orientiertes Lernen"?

Kommunikativ orientiertes Lernen bietet optimale Möglichkeiten, um diese Aufgabenstellung erfolgreich umzusetzen.

Die Art zu lernen ist dabei *Ziel und Methode* zugleich. Das von uns angeeignete Wissen und Können ist, vom Standpunkt des kommunikativ orientierten Lernens aus betrachtet, nur sinnvoll, wenn es in der Auseinandersetzung des einzelnen Menschen mit seiner Umwelt zur Anwendung kommt. Diese Auseinandersetzungen laufen zum allergrößten Teil als interaktive kommunikative Prozesse ab bzw. lassen sich als solche darstellen.
Es macht daher Sinn, diese Merkmale auch lernmethodisch aufzubereiten.

Phase 1: Vermittlung und Aneignung

Wie kann man sich auf den dargebotenen Stoff konzentrieren? Was kann man tun, damit man sich bereits in dieser Phase möglichst viel merken kann? Welche Methoden gibt es, um die Nachbereitung so kurz und so einfach wie möglich zu gestalten?

Phase I: Vermittlung und Aneignung

Nehmen wir unseren Herrn Ziel. Er sitzt in einer der ersten Lehrveranstaltungen seines Kurses *Neue ökologische Verfahrenstechniken*. Es geht um das Thema *Gesetzliche Grundlagen*. Für Herrn Ziel eine Horrorvorstellung. Denn Ingenieur ist er unter anderem deshalb geworden, weil er keine Lust hatte, sich als Rechtsanwalt, Notar oder Steuerberater seine Brötchen zu verdienen. Das soll kein Affront gegen diese Berufsgruppen sein. Wer von Ihnen auf diesen Gebieten tätig ist, dreht den Spieß einfach um. Denn Sie können sicher ganz genau begründen, warum Sie keine technische Laufbahn eingeschlagen haben.

Wie lernt man, wenn man keine Lust hat?

Wenn sich Herr Ziel jetzt – wie gewohnt – in diesen Vortrag hineinsetzen würde, dann können wir schon ziemlich sicher vorhersagen, was dabei herauskommt. Nämlich nichts. Er würde nicht allzuviel verstehen und mit der gesicherten Erkenntnis nach Hause gehen, daß er ja schon vorher ganz genau gewußt hatte, daß diese Rechtsverdreher alles nur Wichtigtuer sind und das Gesagte überhaupt keinen Bezug zur Praxis in seinem Betrieb hat.

... oder wie lernt ein Ingenieur trockene Paragraphen?

Was kann Herr Ziel denn nun tun, damit das Gehörte nicht einfach an ihm vorbeirauscht? Schließlich braucht er die neuen Informationen!
Zunächst einmal sollte er versuchen, sich auf diesen Vortrag einzustimmen, sich zu motivieren. Das könnte folgendermaßen aussehen: Nach Erhalt der Einladung nimmt sich Herr Ziel einen Zettel zur Hand und notiert sich seine Antworten auf die auf der nächsten Seite stehenden Fragen:

Als erstes:
Einstimmen und Motivieren

Während die ersten beiden Fragen eher der Einstimmung dienen, ist die dritte Frage vor allem darauf ausgerichtet, den Vortrag am Ende einzuschätzen. Sie können ihn damit besser für sich auswerten. Hat er etwas für Sie gebracht, ging er über Ihre Erwartungen hinaus, oder war es ein Flop?

Kommunikativ orientiertes Lernen

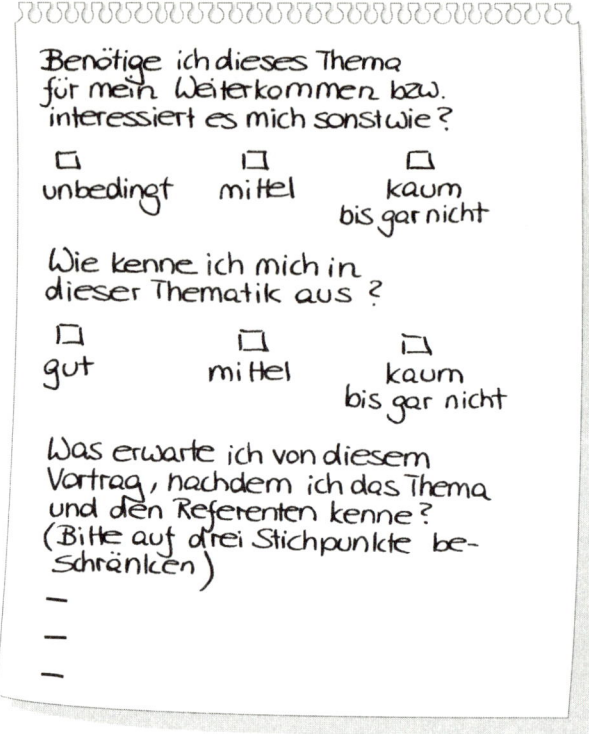

Vorschlag zum Einstimmen auf einen Vortrag

Ihr Einstieg ist das Allerwichtigste!

Zum Einstimmen zunächst ein „Formblatt" nutzen

Wie Sie Ihren Einstieg im einzelnen auch immer gestalten, unterschätzen sollten Sie ihn auf keinen Fall. Dazu ist es für den Anfang wirklich ganz nützlich, wenn Sie sich ein derartiges „Formblatt" erarbeiten. Sie schaffen sich damit quasi einen formalen Zwang. Später läuft das automatisch ab.

Ein paar Tricks für Notfälle ...

Falls Sie das Thema nicht für Ihr berufliches Fortkommen benötigen oder es Sie nicht interessiert und Sie angesichts des angekündigten Referenten wirklich keine positiven Erwartungen haben, dann sollten Sie sich intensiv mit dem Kapitel *Zum Abschluß noch zwei ungewöhnliche Lerntips* beschäftigen.

Phase I: Vermittlung und Aneignung

... und Verhaltensregeln für den Normalfall

Wenn Sie sich aber wie Herr Ziel dafür entschieden haben und nun bereits im Vortrag sitzen, dann knüpfen Sie bitte an die Erkenntnisse an, die wir im vorangegangenen Kapitel über das Aufnehmen von Informationen erarbeitet haben.

Hier hatten wir einmal festgestellt, daß *sowohl* über die Ohren *als auch* über die Augen (audio-visuell) wahrgenommene Informationen bessere Voraussetzungen haben, ins Langzeit-Gedächtnis überführt zu werden als nur Gehörtes oder nur Gelesenes. Dem wird ja in der Regel auch schon Rechnung getragen, werden Sie jetzt sagen. Zumindest in guten Vorträgen, und in einem solchen sitzen Sie gerade. Kann man hier überhaupt noch etwas verbessern? Und ob!

Es geht wieder um mehrkanalige Informationsaufnahme ...

... und um eine erste Informationsverarbeitung

> Ihr Gehirn muß ganz konsequent angeregt werden, auf verschiedenen Ebenen und in verschiedenen Regionen aktiv zu werden. So entstehen nicht nur komplexe und leistungsfähige Netzwerke für die Informationsaufnahme, sondern auf diese Weise können Sie auch wesentlich schneller Verbindungen zwischen den gerade aufgenommenen Informationen und Ihrem bereits vorhandenen Wissen herstellen. Sie beginnen damit bereits, den aufgenommenen Stoff bewußt zu verarbeiten.

Helfen Sie Ihrem Gehirn beim Vernetzen der Informationen!

Könnten hier nicht auch Mnemo-Techniken helfen? Wenn es um Einzelinformationen geht, natürlich. Sie werden aber deutliche Grenzen verspüren, wenn Sie versuchen, sich den Inhalt eines ganzen Vortrages, eines Seminars oder eines Buches zu merken. Ganz abgesehen davon, daß es oft so ist, daß man bestimmte Teile davon gar nicht auf Anhieb versteht.

Mnemo-Techniken und ihre Grenzen

Kommunikativ orientiertes Lernen

„Innere Lern-Kommunikation" – was ist das …?

Lern-Kommunikation: noch nie gehört!

Um solche Informationskomplexe zu erfassen und für die weitere Verarbeitung und Speicherung vorzubereiten, bietet sich ein Verfahren an, das wir innere Lern-Kommunikation nennen können. Dabei unterzieht man das Gehörte quasi parallel zum Hören (natürlich mit kurzem zeitlichem Versatz) einer bewußten (hier inneren) Kommunikation.

… und wie funktioniert das?

Was hat das für Vorteile, und wie funktioniert das überhaupt?, werden Sie jetzt vermutlich fragen.

Der „Trick" mit der Kommunikation beruht auf verschiedenen Ansätzen. Das Wesentliche dabei ist, daß wir uns Wissen und Können in aller Regel nicht für das stille Kämmerlein, sondern für reale Alltagsaufgaben aneignen.

Lern-Kommunikation – aus der Praxis abgeleitet

Egal, ob wir eine Verfahrensanweisung über die Entsorgung kontaminierter Böden schreiben, einen fremdsprachigen Fachartikel auswerten oder mit unseren Kindern ein Vogelhäuschen bauen: All das ist einer mehr oder weniger sinnvollen Zielstellung untergeordnet.

Eigentlich ist das gar nichts Neues …

Und je anspruchsvoller oder ungewohnter eine solche Aufgabe ist, um so mehr müssen wir uns mit ihr auseinandersetzen. Das kennen Sie sicher. Diese Auseinandersetzungen laufen zum großen Teil bewußt ab, und sie werden oft durch intensive Selbstgespräche begleitet. Das vollzieht sich zunächst einmal nur in Ihrem Kopf. Zum anderen geht das bis zu deftigen Flüchen, wenn es mal nicht so richtig klappt, oder bis zu zufriedenem Eigenlob, wenn alles optimal läuft. Und einige von uns murmeln sogar die ganze Zeit über etwas vor sich hin.

Phase I: Vermittlung und Aneignung

Darüber hinaus laufen diese Auseinandersetzung auch in einem bestimmten räumlich-situativen Umfeld ab. So ziehen wir den Rat von Kollegen zur Hilfe, wenn wir nicht weiterkommen. Wir schlagen in Wörterbüchern oder Lexika nach. Oder wir verwerfen etwas, nachdem es uns nicht zufriedenstellt, und beginnen von neuem. Unser tägliches Leben ist angefüllt von Situationen, in denen wir Neues mit Bekanntem vergleichen, Erkenntnisse daraus ziehen, diese lernen und später auch einsetzen.

Die Praxis wird zum Vorbild für das Lernen

> Wir leben und arbeiten in ständiger Interaktion. Solche (sinnvollen, zielgerichteten) interaktiven Prozesse weisen folgende Merkmale auf:
> – Sie werden durch handelnde Subjekte und Objekte gekennzeichnet. In der Regel sind wir selbst der Handlungsträger.
> – Sie finden in einem räumlich situativen Umfeld statt.
> – Sie sind durch Interaktion, durch Bewegung gekennzeichnet.

... Sie müssen es nur bewußt und zielgerichtet anwenden

Und genau durch diese Merkmale sollte nicht erst die Anwendungs-, sondern bereits auch die Vermittlungs- und Aneignungsphase gekennzeichnet sein.
Stimmt eigentlich, könnten Sie jetzt sagen, warum soll man nicht schon beim Erfassen des neuen Stoffes viel mehr agieren, also fragen, diskutieren, analysieren, verwerfen usw.
Gerade dadurch treten doch solche Verbindungen oder Assoziationen in Ihrem Kopf auf wie: Wort-Situations-Beziehung oder Wort-Handlungs-Beziehung.

So früh wie möglich agieren

Funktioniert das in allen Situationen ...?

Wo besser als in Diskussionen oder Streitereien lassen sich Emotionen nachweisen? Wann können Sie optische und akustische Eindrücke besser kombinieren als in lebensechten Situationen? Wann ver-

binden Sie Gesagtes am ehesten mit bereits Bekanntem, wenn nicht in einer Auseinandersetzung? Ja, aber wie lassen sich solche Merkmale und Bedingungen herbeiführen?
Können Sie sich an Veranstaltungen erinnern, die Sie wirklich gefordert haben? Von denen Sie sagen können: Die haben mir etwas gebracht? Wenn ja, versuchen Sie doch mal herauszufinden, woran das lag.

Wenn Sie Glück haben, ja.

Wie gute Trainer arbeiten

Wahrscheinlich ist es dem Trainer oder Referenten gelungen, Sie in seinen Bann zu ziehen und für das Thema zu begeistern. Klar, aber wie hat er das gemacht? In der Regel doch wohl nicht durch einen 90minütigen Monolog, oder? Auch die Präsentation allein war es sicher noch nicht. Wahrscheinlich hat er Sie in seine Gedanken mit einbezogen, hat Fragen gestellt und Probleme aufgeworfen.
Und Sie? Sie mußten ständig agieren – also tatsächlich auf seine Fragen antworten. Oder die Probleme haben Sie angeregt, sofort intensiver darüber nachzudenken. Sicher auch deshalb, weil Sie ständig das gute Gefühl hatten, daß das Thema nicht an der Praxis vorbeigeht.

Leider ist das nicht die Regel...

Weil Sie aber leider nur viel zu selten auf solche Top-Leute treffen, bleibt Ihnen nichts weiter übrig, als solche Bedingungen selbst zu schaffen. Wenn Sie nicht zum Agieren aufgefordert werden – dann agieren Sie eben ganz allein für sich. Bloß: Wie soll das funktionieren?

Phase I: Vermittlung und Aneignung

> **... aber Sie können es beeinflussen**
>
> Die Sache ist ganz einfach. Sie müssen sich nur daran gewöhnen, das Gehörte nicht einfach nur aufzunehmen, sondern in Gedanken ständig in Frage zu stellen. Das bedeutet, daß Sie Feststellungen, die der Redner macht, zunächst einmal daraufhin überprüfen, ob Sie mit diesen Aussagen einverstanden sind. Wenn Sie wirklich einverstanden sind, sagen Sie nach einer solchen Aussage im stillen: *Ja, stimmt, sehe ich genauso.*

Finden Sie Ihren eigenen Rhythmus

Sie müssen das nicht nach jedem Satz tun. Gemeint sind natürlich größere Redeabschnitte. Sie können Ihre stille Antwort von der Wortwahl her ganz nach Ihrem persönlichen Geschmack variabel gestalten. Wichtig ist nur, daß Sie tatsächlich immer antworten. Nach einer bestimmten Zeit des Trainings werden Sie feststellen, daß das praktisch automatisch funktioniert.

Training führt zur Automatisierung ...

Konzentration ist lernbar

Sie haben dann nämlich eine Fähigkeit ausgeprägt, die Kindern wie Erwachsenen oft vergeblich abgefordert wird – konzentrierte Aufmerksamkeit. Allein der gute Vorsatz, einem Vortrag immer aufmerksam zu folgen, reicht in der Regel bekanntlich nicht aus. Das klappt nur, wenn Sie vom Referenten wirklich in seinen Bann gezogen werden. Treffen Sie auf einen ganz normalen Vertreter seiner Zunft, rutscht Ihre Aufmerksamkeit beim normalen Zuhören nach wenigen Minuten einfach ab. Sie beginnen, sich mit anderen Dingen zu beschäftigen. Der Vortrag rauscht an Ihnen vorbei.

... und zu konzentrierter Aufmerksamkeit

Paralleles Arbeiten ist möglich

Training ist unentbehrlich

Geht das aber überhaupt, zwei oder mehr Dinge parallel zu machen? Kann man zuhören, gleichzeitig nachdenken und dann auch noch sprechen? Natürlich klappt das nicht auf Anhieb. Es muß trainiert werden. Aber daß so etwas funktioniert, erleben Sie täglich beim Autofahren. Hier fahren Sie praktisch automatisch, beobachten ständig den Verkehr, sprechen mit Ihrem Beifahrer und hören dabei noch einer Radiosendung zu. Selbstverständlich laufen diese Prozesse auf unterschiedlichen Aufmerksamkeits-Ebenen ab.

Lernen Sie, Pausen zu nutzen

Diese Erfahrung ist uns beim Aufnehmen des neuen Stoffes in einem Vortrag sehr nützlich: Der Redner vermittelt ja nicht mit jedem Wort und jedem Satz eine für uns vollkommen neue Information. In einer solchen Rede gibt es immer Phasen, in denen bereits Gesagtes wiederholt oder in denen über etwas gesprochen wird, was schon bekannt ist (Redundanz).

> Zum anderen können wir hier die Tatsache nutzen, daß unser Gehirn ja nicht jedes einzelne Wort verarbeitet. Wir sind zum Glück in der Lage, komplexe Sachverhalte zu erfassen. Das alles – und natürlich auch Sprechpausen oder Abschnitte, in denen der Redner seinen Vortrag durch visuelle Darstellungen unterstützt – verschafft uns die nötige Zeit für die innere Lern-Kommunikation.

Ihr Training kann sofort beginnen

Die Situation, unter der die Lern-Kommunikation abläuft, gleicht im Prinzip der beim Simultan-Dolmetschen. Der Dolmetscher muß das gerade Gehörte sofort in eine andere Sprache übertragen (das heißt sprechen) und dabei schon wieder den nächsten Satz aufnehmen. Natürlich bedarf diese Fertigkeit eines gewissen Trainings. Aber das sollen Sie

Phase I: Vermittlung und Aneignung

bei der Lern-Kommunikation ja auch tun. Das Gute daran: Sie benötigen keine extra Übungsaufgaben. Sie können sofort mit dem Training beginnen.
Im Prinzip könnten Sie sich in den nächsten Vortrag setzen und loslegen. Für den Beginn Ihres Trainings ist es aber besser, andere Situationen zu suchen. Gut geeignet sind: Gespräche, an denen Sie teilnehmen, Talkshows im Radio oder Fernsehen, aber auch das Lesen eines Buches oder einer Zeitung. Wie das funktionieren kann, erfahren Sie am Ende dieses Kapitels.

Gespräche, Talkshows, Bücher: gute Trainingsmöglichkeit!

Was tun, wenn man nichts kapiert?

Okay, bisher sind wir davon ausgegangen, daß Sie den neuen Stoff auch sofort verstehen. Wie verhalten Sie sich aber, wenn Sie damit nicht klarkommen?

> Zunächst einmal ganz einfach: Sie steigen wieder in die Kommunikation ein. Ihre stille Antwort könnte dabei etwa so lauten:
> *Das verstehe ich nicht, bzw. das kann ja wohl nicht sein, das sehe ich aber ganz anders.*
> Oder Sie verwenden wieder Ihre eigenen Varianten.

Daraus läßt sich viel machen

Jetzt ergeben sich folgende Möglichkeiten. Wenn es die Situation zuläßt (z. B. in den meisten kleineren Gesprächsrunden, Seminaren etc.), könnten Sie versuchen, durch Nachfragen herauszufinden, ob Sie den Referenten vielleicht nur falsch verstanden haben, und um weitere Erklärungen bitten.
Wenn Sie dann immer noch nicht zufrieden sind, dann sagen Sie es auch. Sie werden merken, ein bißchen mehr Mut in solchen Fragen hilft nicht nur, Zeit zu sparen, Sie können so auch Unklarheiten aus dem Weg räumen. Übrigens sind viele Referenten durchaus dankbar, wenn ihre Zuhörer Fragen stellen. Es gibt nämlich nichts Schlimmeres, als vor

Mehr Mut zur offenen Kommunikation!

einer grauen Masse zu stehen und keine Reaktion zu verspüren. Da kommen Fragen und Bemerkungen oft nur allzu gelegen.

Sie können „vorgreifend" lernen

Selbst wenn es die Situation aber nur erlaubt, still zu kommunizieren, was meist der Fall sein dürfte, ist Ihr „Gespräch" ja in jedem Fall durch komplexe Gehirnaktivitäten gekennzeichnet. Sie hören und sehen Informationen nicht nur. Durch das konsequente In-Frage-Stellen des Gesagten beginnen Sie schon, das Problem anzudenken und darüber zu „sprechen". Sie ziehen damit praktisch Lern-Abschnitte vor, die gemeinhin erst für die Festigungsphase vorgesehen sind. Das erschließt Ihnen nicht nur Zeitreserven. Sie werden bald feststellen, daß auf diese Art und Weise „durchgesprochene" Veranstaltungen viel nachhaltiger haften bleiben als nur „abgehörte".

Lern-Abschnitte werden vorgezogen

Den neuen Stoff in Bekanntes einbetten

Durch die Lern-Kommunikation betten Sie den neuen Stoff in reale bzw. quasi-reale Lebenssituationen ein. Sie signalisieren damit Ihrem Gehirn, daß es sich hierbei um ein lebenswichtiges, zumindest aber interessantes oder notwendiges Thema handelt. Derartig aufgenommene und verarbeitete Informationen haben die besten Voraussetzungen, um dauerhaft abgespeichert zu werden. Damit geht die Lern-Kommunikation klar über das reine Aufnehmen von Informationen hinaus. Sie ist vielmehr eine Methode, die effektive Aufnahmeverfahren mit einer Erstverarbeitung der aufgenommenen Informationen verbindet.

Was also ist Lern-Kommunikation?

Fassen wir noch einmal zusammen. Im Unterschied zur „normalen" Informationsaufnahme ist die innere Lern-Kommunikation durch folgende Merkmale gekennzeichnet:

Phase I: Vermittlung und Aneignung

- ganzheitliche Aufnahme der Informationen
- Verarbeitung komplexer Informationen durch bewußtes Auseinandersetzen
- Bewußtes Einbetten der aufgenommenen Informationen in reale bzw. quasireale Situationen
- Situationen sind gekennzeichnet durch handelnde Subjekte und Objekte. Einer der Handlungsträger sind Sie!
- Bereits in dieser Phase wird anwendungsbereites Können angestrebt.

Welche Information besser behalten wird

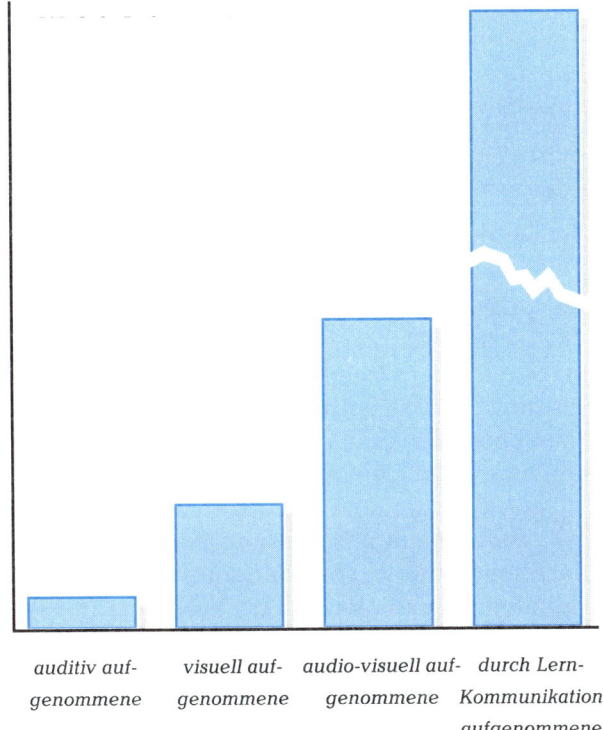

auditiv aufgenommene visuell aufgenommene audio-visuell aufgenommene durch Lern-Kommunikation aufgenommene

Verhältnis zwischen Informationsaufnahme und Behaltensleistung
Die angegebenen Größenordnungen zeigen Tendenzen auf. Sie stellen keine Verhältnisse zueinander dar.

Spielt die Formulierung eine Rolle?

Soll man immer in richtigen Sätzen kommunizieren ...

Jetzt könnte folgende Frage auftreten: Muß man zum Anwenden der inneren Lern-Kommunikation eigentlich wirklich immer komplette Sätze formulieren?
Natürlich werden Sie feststellen, daß das so absolut gar nicht funktionieren kann. Klar, man kann auch im stillen endlose Gespräche führen. Sie haben doch sicher auch schon mal mit Ihrem Chef oder einem widerlichen Kollegen im Kopf einen Streit ausgefochten? Und wer hat gewonnen? In solchen Situationen gewinnen doch immer Sie, oder? Solche „Gespräche" gehören zu unserem täglichen Leben dazu wie das Aufstehen und das Guten-Morgen-Sagen.

Wir denken nur selten in ganzen Sätzen

... zumal man ja auch nicht immer in Sätzen denkt?

Wenn wir aber diese „Gespräche" einmal analysieren, stellen wir folgendes fest: Wir beginnen meist damit, korrekte Sätze zu formulieren und verfallen dann aber in Verkürzungen und Sinn-Konzentrate. Darin ist auch der Grund zu suchen, daß wir in der wirklichen Gesprächssituation nicht mehr ganz so gut aussehen. Unsere Gedanken lassen sich in der echten Auseinandersetzung plötzlich nicht mehr so glatt und überzeugend formulieren. Wo gerade noch Voraussetzungen, Lösungsvorschläge und Schlußfolgerungen bestechend logisch ineinander übergingen, klaffen plötzlich Lücken.
Warum das so ist? Wir sind von echten Sätzen, die wir im stillen formuliert haben, ganz einfach wieder in unsere Gedanken verfallen. Die laufen über Assoziationen, Vorstellungen und Bilder z.T. ja auch über eine Art innerer Sprache ab. (Im Altertum nahm man übrigens an, daß Denken nichts anderes sei, als schweigend zu sich selbst zu sprechen.)

Phase I: Vermittlung und Aneignung

> **Lernmethodisch wirksamer: ganze Sätze formulieren**
>
> Diese innere Sprache, in der wir denken, unterscheidet sich von der gesprochenen oder der geschriebenen Sprache aber dadurch, daß sie verkürzt ist. Gedacht wird nur in Satzfetzen oder Sinnkonzentraten. Das Ganze macht durchaus Sinn, wenn man es als Denkprozeß unter dem Gesichtspunkt der Effektivität betrachtet. Die innere Verkürzung von Sätzen erlaubt es uns, in Gedanken viel schneller zu „sprechen" und damit auch zu denken.

Wenn Sie die Lern-Kommunikation konsequent anwenden wollen, sollten Sie insbesondere in der Anfangsphase darauf achten, daß Sie immer mit „echten" Antworten am Ball bleiben. Sie rutschen sonst zu schnell wieder auf die Ebene von Satzfetzen und Verkürzungen ab. In der Regel sinkt damit auch wieder Ihre Aufmerksamkeit für das Thema.

Auf jeden Fall am Anfang!

Andererseits kann kein Gespräch, kein Vortrag oder Seminar so verfolgt werden, daß man sich quasi immer „ins Gespräch einmischen" könnte. Das wäre unrealistisch. Es geht hier vor allem um den Vorsatz, den Faden nicht zu verlieren, „dranzubleiben". Durch das konsequente Hinterfragen schaffen Sie sich nämlich wieder einen formalen „Zwang". Wenn Sie doch einmal abrutschen, beginnen Sie eben wieder von neuem. Über konsequentes Training wird sich Ihre individuelle Variante der inneren Lern-Kommunikation entwickeln.

Individuelle Variante entwickelt sich übers Training

Vorsicht, Falle! Gedanken schweifen ab

Aber Achtung: Mindestens zwei Dinge müssen Sie beim inneren Kommunizieren beachten, insbesondere dann, wenn Sie anderer Meinung sind als der Redner. Erstens: Gedanklich nicht allzusehr abschweifen! Es könnte sonst sein, daß Sie den nächsten Gedanken des Vortragenden nicht mitbekommen. Und zweitens dürfte es hin und wieder vorkommen, daß Sie letztlich mit Ihrer Meinung falsch liegen. Und Falsches prägt sich leider oft am besten ein!

Pro und Contra später prüfen

Um solchen Dingen vorzubeugen, sollten Sie im Zweifelsfall dazu übergehen, sich das Pro und das Contra zu notieren und es einer späteren Überprüfung überlassen, wer nun wirklich recht hatte. Natürlich werden Sie auf Papier nicht nur das verewigen, worüber Sie Zweifel haben. Wichtig sind alle Kernaussagen, Definitionen, Herleitungen, Schlußfolgerungen usw.

Notizen lernmethodisch richtig machen

Womit wir schon bei Ihren Notizen sind. Gerade bei sehr komplexen Themen hat eine effektive Notiertechnik eine immense Bedeutung. Wenn Sie das, was Sie mitschreiben, konsequent so anlegen, daß nur wenig Nacharbeit entsteht, können Sie bereits dadurch beachtliche Zeitreserven erschließen. Das ist aber nur eine Seite der Medaille. Noch wichtiger ist es, daß Sie aus Ihren Notizen echte Lern-Skripte machen, die die Basis für eine effektive Festigung des Stoffes bilden können.

Die äußere Form ist wichtig

Notizen werden zu Lern-Skripten

Das beginnt mit ganz banalen, aber sehr wirksamen Regeln. Als erstes sollten Sie alle Blätter (DIN-A 4) in eine Hauptspalte und eine Marginalspalte unterteilen. Klar, in die Hauptspalte kommen die mitgeschriebenen Gedanken. In die Marginalspalte – sie sollte ca. ein Drittel des Platzes einnehmen – werden Sie später, beim Festigen des Stoffes, die von Ihnen erarbeiteten *verbalen Merk-Formen* notieren. Was darunter zu verstehen ist, wird ausführlich auf S. 107/108 erklärt.

Noch besser wäre es, wenn Sie sich daran gewöhnen könnten, das DIN-A4-Blatt quer zu verwenden. Entwickeln und vervollkommnen können Sie diese Technik am besten dadurch, daß Sie sie in der Praxis anwenden. Eine Möglichkeit zum Trainieren bietet sich immer dann, wenn Sie an uninteressan-

Phase I: Vermittlung und Aneignung

ten Veranstaltungen teilnehmen müssen (siehe dazu auch im Kapitel: *Zum Abschluß noch zwei ungewöhnliche Lerntips*).

Äußere Ordnung führt zu innerer Struktur

Bitte gewöhnen Sie sich daran, Ihre Mitschriften formal deutlich zu strukturieren. Einzelne Hauptgedanken müssen sich auf dem Blatt deutlich voneinander abheben. Lassen Sie also immer reichlich Platz zwischen den Absätzen. Das kostet Sie unter

Mitschriften formal strukturieren

⬅——— *Hauptspalte für Notizen* ———➡ ⬅ *Marginalspalte für Merk-Formen* ➡

> Im Rahmen der Informationsübertragung stellen die Synapsen wichtige funktionelle Kontaktstellen zwischen den Nervenzellen dar.
>
> Heute wird angenommen, daß ein Neuron des menschlichen Gehirns 10^3 bis 10^4 solcher Kontaktstellen besitzt (Abb. 507/1)
>
> Infolge der zahlreichen Verbindungen, die jede Nervenzelle eingeht, sind faktisch alle Bereiche des Gehirns untereinander verknüpft.

	Raum-Zeit-Gefüge
	Organtätigkeit / Verhaltens

Blattaufteilung für ein Lern-Skript

Umständen zwar etwas mehr Papier, aber es lohnt sich. Auch weil dadurch das Nacharbeiten erleichtert wird. Wo immer es möglich ist, sollten Sie Ihr Blatt in einen oberen, einen mittleren und einen unteren Bereich unterteilen. Warum? Ganz einfach, weil Sie so bereits ein bestimmtes Bild schaffen.

Haben Sie ein visuelles Gedächtnis?

Sie kennen doch auch solch eine Situation: Für eine Prüfung benötigen Sie eine ganz bestimmte Definition oder ein ganz bestimmtes Diagramm, um eine Aufgabe zu lösen. Sie wissen genau, irgendwo haben Sie die schon mal gesehen. Oft können Sie nicht sagen, in welchem Buch Sie suchen müßten oder auf welcher Seite das Gesuchte steht. Sie können sich aber ziemlich sicher daran erinnern, daß es eine rechte Seite gewesen sein muß und ganz unten steht.

Visuelles Gedächtnis hilft nicht immer weiter

Viele Menschen verfügen über Ansätze zu einem fotografischen Gedächtnis. Einige (sogenannte Eidetiker) können einen einmal gesehenen Gegenstand oder eine einmal angeschaute Darstellung bis ins kleinste Detail wiedergeben. Sie können z.B. eine einmal angeschaute Buchseite nicht nur vorwärts, in der üblichen Leserichtung, sondern ebensogut rückwärts aufschreiben. Eine Fähigkeit, die eigentlich beneidenswert wäre. Man braucht aber keineswegs neidisch zu sein, denn diese Fähigkeit heißt nicht automatisch, daß das Gesehene und Erinnerte auch verstanden wurde.

Von Kindern lernen?

Kinder verfügen wahrscheinlich über ein wesentlich besseres fotografisches Gedächtnis als Erwachsene. Nur läßt sich das nicht eindeutig feststellen, weil ihre Fähigkeit, etwas zu beschreiben, meist noch nicht besonders ausgeprägt ist. Zumindest in Ansätzen wird das aber deutlich, wenn Sie sich mit Kindern über ihre Bilder unterhalten, die sie z.B. nach einem Urlaub gemalt haben. Durch Nachfra-

Kinder nehmen die Welt anders wahr als Erwachsene – oft viel genauer

Phase I: Vermittlung und Aneignung

gen erfahren Sie Dinge, die Sie wahrscheinlich nicht wahrgenommen haben.
Das ist zum einen natürlich auf eine andere Sichtweise der Kinder zurückzuführen. Zum anderen liegt das aber auch an ihrer Fähigkeit zum fotografischen Sehen und Speichern von Informationen. Mit zunehmendem Alter wird diese Fähigkeit aber mangels Förderung nicht weiter ausgeprägt, und sie verschwindet. Es soll aber nicht darum gehen, aus uns allen Eidetiker zu machen. Das wurde für Interessierte hier nur angerissen.

Ihre persönlichen Piktogramme

Zurück zum Notieren. Obwohl Sie sich jetzt vielleicht schon abgetrennte Absätze geschaffen haben, sollten Sie diese noch nicht numerieren. Das bleibt späteren Schritten vorbehalten. Eines können Sie aber auf jeden Fall schon tun: Durch zusätzliche piktogrammartige Zeichen beginnen Sie, die Mitschriften inhaltlich zu strukturieren. Hier sollten Sie sich eigene Standards erarbeiten, die Sie immer wieder verwenden. Dazu einige Beispiele, wie Sie persönliche Piktogramme gestalten können:

Strukturieren durch Piktogramme und ...

▶	wichtige Definition,
!	allgemein wichtig
→	Hinweis
?	Frage
↓	aus bisher Gesagtem folgt

Es sollten nicht allzu viele sein. Wie viele genau, entscheiden Sie selbst. Aber mehr als fünf bis sieben scheinen, zumindest für den Anfang, nicht angebracht.
Neben den fünf bis sieben Piktogrammen für die Textstruktur sollten Sie sich weitere fünf bis sieben ergänzende bzw. verkürzende Zeichen für den Fließtext erarbeiten. Mehr würde wahrscheinlich auch hier zu Unübersichtlichkeit führen.

... ergänzende Zeichen

Hier ein Beispiel: Statt

Die Personalkosten für das Jahr 1995 sind um 15 % gestiegen.

sollten Sie notieren:

! Personalkosten ´95 ↗ 15 %

Das spart beim Notieren nicht nur Zeit, es schafft auch gleichzeitig die Voraussetzung dafür, daß die verbalen Aussagen mit bildhaften Darstellungen gekoppelt und auf den Kern der Aussage reduziert werden.

Klarheit ist wichtiger als Kürze!

Wie weit Sie mit Abkürzungen oder einer Kurzschrift arbeiten, bleibt Ihnen überlassen. Mit Abkürzungen – wenn sie nicht auch standardisiert sind – sollten Sie aber eher vorsichtig sein. Beim Nachbereiten steht man sonst oft vor einem Rätsel! Wann immer es Ihnen gelingt, verbal oder nur über Zahlen vorgetragene Sachverhalte noch weiter zu verbildlichen, sollten Sie das tun. Statt

Die Personalkosten für das Jahr 1995 sind gegenüber 1994 um 15 % gestiegen.

oder die schon verkürzte Notiz

! Personalkosten ´95 ↗ 15 %

sollten Sie „notieren":

So ein Diagramm kostet Sie nicht mehr Zeit als der voll ausgeschriebene Satz, prägt sich aber wesentlich besser ein.

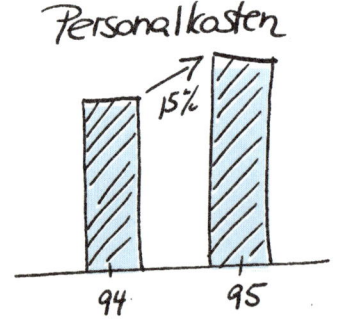

Sachverhalte darstellen

Diese für das Notieren gemachten Vorschläge sollen wirklich nur erste Empfehlungen sein. Das Wichtigste, worauf es dabei ankommt, ist, daß Sie damit
– das Verbildlichen von Informationen unterstützen
– die Voraussetzungen für ein effektives Nachbereiten, das heißt Festigen des Stoffes schaffen.

Sie beginnen früher mit dem eigentlichen Lernen

Sie werden feststellen, daß Sie sich durch die innere Lern-Kommunikation und die Lern-Skripte bereits in dieser Phase viel mehr merken können als beim klassischen Zuhören und Mitschreiben. Den Grund hatten wir schon genannt: Sie ziehen praktisch bestimmte Festigungsübungen einfach in die Vermittlungs- und Aneignungsphase vor. Damit beginnen Sie das, was man gemeinhin Lernen nennt, bereits zu einem Zeitpunkt, an dem Sie bisher meist nur zugehört haben.

Lernphasen werden „vorgezogen"

Aber jetzt zu den eingangs versprochenen Übungen: Wie schon gesagt: Um die Techniken, die mit der Lern-Kommunikation in Zusammenhang stehen, zu lernen, benötigen Sie keine besonderen Übungsaufgaben. Sie könnten praktisch in den nächsten Vortrag oder die nächste Diskussionsrunde hineingehen und damit einfach beginnen. Der eine oder andere wird das auch tun und Erfolg damit haben. Das ist dann ein „Training on the Job" in Reinkultur.

Am Anfang: täglich zehn Minuten trainieren

Aber auch hier gilt: Training lebt vor allem von der Regelmäßigkeit. Nehmen Sie sich vor, am Anfang täglich zu trainieren. Egal ob Sie sofort „on the Job" beginnen oder ob Sie es erst einmal mit einem „Trockentraining" versuchen wollen: Zehn Minuten sollten es täglich schon sein. Die sind dabei nicht nur ausreichend, Sie werden zunächst auch gar nicht viel mehr schaffen.

Trainingsmöglichkeit Fernsehen

Das „Trockentraining" könnte folgendermaßen aussehen: Wählen Sie sich eine der vielen Talkshows oder eine Magazinsendung im Fernsehen aus. Am besten eine, die Sie wirklich interessiert und die Sie sowieso angeschaut hätten. Das macht einfach mehr Spaß, und Sie müssen für das Training keine zusätzliche Zeit ans Bein binden. Stimmen Sie sich im Vorfeld unbedingt auf das

„Trockentraining" praktisch täglich möglich

Thema ein. So, wie es eingangs empfohlen wurde. Und dann beginnen Sie einfach, sich in das Gespräch der Talker oder die Rede der Moderatoren einzumischen. Bestätigen Sie Aussagen, mit denen Sie einverstanden sind, und verwerfen Sie solche, denen Sie nicht zustimmen können.

Sie werden sich hinterher wundern

Erfolg leicht kontrollierbar

Für das Training sollten Sie Ihre Einwürfe laut formulieren und das ganze „Gespräch" auf Kassette aufnehmen. Sie können dann später gut kontrollieren, ob Sie wirklich voll dabei waren. Notieren Sie Dinge, die Sie nicht verstehen oder anders sehen usw. Mit einem Wort: Fertigen Sie sich ein Lern-Skript an.

Nach ca. zehn Minuten werden Sie wahrscheinlich von selbst aus dem Rhythmus kommen. Das macht auch gar nichts. Sie fangen ja gerade erst mit dem Training an. Jetzt können Sie durch Abhören der Kassette einmal vergleichen, wie gut Sie schon in der Lern-Kommunikation sind.

Überprüfen Sie also, ob Sie zu allen wichtigen Aussagen Stellung genommen haben. Das heißt: Sie müßten zu jedem Hauptpunkt der Sendung eine mündliche und/oder schriftliche Äußerung gemacht haben. Kontrollieren Sie auch, ob Ihre Antworten tatsächlich sprachlich korrekte Äußerungen waren. Sie wissen ja, warum. Ihre Notizen sollten möglichst schon so aussehen, wie wir es für Lern-Skripte beschrieben haben.

Weitermachen, besser werden!

Natürlich wird das am Anfang alles noch nicht so gut klappen. Aber das haben Sie sicher auch nicht erwartet. Bei der Fortsetzung des Trainings sollten Sie darauf achten, daß Ihre Leistungen in der Qualität immer besser werden.
Je besser es Ihnen gelingt, in die Kommunikation einzusteigen, und je effektiver Ihre Lern-Skripte werden, um so leichter werden Sie auch längeren Vorträgen konzentriert folgen können.

Phase 2: Festigung

Wie kann man diese Phase möglichst effektiv gestalten? Gibt es Übungen, die nicht langweilig und eintönig sind? Welchen Einfluß kann man bereits zu diesem Zeitpunkt auf anwendungsbereites Können nehmen?

Warum eigentlich ist diese Phase zum Stiefkind der Erwachsenenbildung geworden? Zum Teil liegt das sicher an einem ganz einfachen Grund: Wenn sich z.B. Ihr Unternehmen einen teuren externen Dozenten oder Trainer leistet, soll diese Investition sich auch lohnen. Wenn über die Ausbildungsinhalte verhandelt wird, wollen Ihre Chefs möglichst schnell möglichst viel abarbeiten. Für das Begreifen und das Verarbeiten des neuen Stoffes bleibt dann meist keine Zeit mehr. Der Trainer brilliert mit seinem Wissen, Sie und Ihre Chefs sind beeindruckt und gehen im Anschluß daran wieder zu den Tagesaufgaben über. Geändert hat sich damit nichts.

Stiefkind der Erwachsenenbildung – warum?

Lernphasen lassen sich nicht einfach überspringen

Ein weiterer Grund ist darin zu suchen, daß viele Anbieter den Teil der Festigung ganz gern unter den Tisch fallen lassen. Das sind vor allem diejenigen, die mit vollmundigen Versprechungen angetreten sind, ihre Methode käme ohne die lästigen, langweiligen und zeitraubenden Wiederholungen aus, mit denen Festigung gemeinhin gleichgesetzt wird. Die Angebote reichen von Versprechungen, daß man diese Phase grundsätzlich ausschalten könne, bis dahin, daß die Festigung quasi parallel zu anderen Arbeits- oder Tagesaufgaben organisiert werden kann.

Kommunikativ orientiertes Lernen

Niemand kann nur im Schlaf lernen

„Super-Lerntechniken" versprechen mehr, als sie halten ...

Auf so etwas sind Sie sicher auch schon mal gestoßen. Oft kommen diese Lern-Techniken aus dem Bereich der Fremdsprachen-Ausbildung. Da sollen Fremdsprachen im Schlaf oder im Zustand tiefster Entspannung schnell und dauerhaft erlernt werden. „Kein stures Pauken" oder ähnliche Versprechungen sind der Tenor dieser Supertechniken. Daß das aber eher ein Werbegag ist, werden Sie feststellen, wenn Sie solche Methoden ausprobieren: Sie können sich in relativ kurzer Zeit zwar eine große Menge an neuem Stoff aneignen, der auch durchaus als Basis für fremdsprachiges Können dienen kann.

Ohne Übung kein wirkliches Können

... sie vermitteln meist nur Wissen, Können wird nicht ausgeprägt

Aber über dieses fremdsprachige Können verfügen Sie damit noch lange nicht. Nach solch einem Kurs – meist ja autodidaktisch und zu Hause abgearbeitet – können Sie noch lange keine Fachgespräche führen oder einen fremdsprachigen Artikel bzw. ein Angebot an ausländische Kunden schreiben. Dazu wären Übungen notwendig gewesen, die helfen, dieses Können zu erwerben.

Das Gelernte wird nicht dauerhaft behalten ...

Natürlich gibt es mit solchen Methoden oder Kursen auch gute Erfahrungen. Aber dann wurden meist doch Festigungs- und Anwendungsphasen nachgeschoben. Oder die Lernenden hatten genügend Zeit und Muße, den vermittelten Stoff selbständig nachzuarbeiten. Wenn Sie an einem solchen Kurs teilnehmen und keine Möglichkeiten zur Nachbereitung haben, werden Sie folgendes feststellen: Konnten Sie vor einem Monat noch einige Sätze fließend aussprechen, haben Sie heute bereits große Mühe, diese zu rekapitulieren.

... wenn es nicht gefestigt wird

Der ehemals beherrschte Stoff war zwar, ähnlich wie ein über Mnemo-Techniken gelernter Merkzettel, durchaus in Ihr Langzeit-Gedächtnis vorgedrungen. Er wurde aber nicht weiter gefestigt, ist also auf den Dringlichkeitsebenen wieder nach unten gerutscht. Und vor allem: Er wurde nicht in echtes Können umgesetzt. Diesen zwei Mängeln können Sie nur mit einer zielgerichteten und anwendungsorientierten Festigung begegnen.

Wobei mit Festigung auch die Abschnitte gemeint sind, die wir bereits in der Vermittlungs- und Aneignungsphase zwischengeschaltet haben. Wir haben den Stoff zu diesem Zeitpunkt schon einer Erstfestigung unterzogen. Die Festigung ist damit strenggenommen keine abgeschlossene Phase. Sie greift in vorangegangene Abschnitte ebenso ein wie in nachfolgende.

Dasselbe trifft für die anderen Phasen natürlich auch zu. So haben wir ja selbst schon während der Vermittlung einen Teil des neuen Stoffes in „echten" Gesprächssituationen angewandt.

Ohne Ihre Anstrengung leistet die teuerste Lerntechnik nichts

Methodische Schritte sind unerläßlich

Keine dieser Phasen ist losgelöst von den anderen zu betrachten. Sie gehen ineinander über, ergänzen und potenzieren sich in der Wirkung. Das hilft zum einen, Zeit zu sparen, zum anderen erhöht es die Behaltensleistung. Trotz dieses Ineinandergreifens der einzelnen Phasen, gibt es natürlich ganz deutlich ausweisbare methodische Schritte, die Sie nach der Vermittlung und Aneignung anwenden sollten.

Wann soll man anfangen, Gelerntes zu festigen?

Kehren wir wieder zu Herrn Ziel zurück. Er hat den Vortrag jetzt nicht wie gewohnt hinter sich gebracht, sondern er hat im Stillen ganz ordentlich dazwischengeredet, hat verglichen, unterstrichen, verworfen und eine Menge Fragen gestellt. Natürlich nur für sich, denn außer ihm waren noch weitere 120 Mitarbeiter und sein Chef im Raum. Die Situation war einfach nicht für eine offene Diskussion geeignet.

Wann und wie sollte Herr Ziel jetzt also das Gehörte und Gesehene festigen? Am besten so schnell wie möglich! Eines ist doch klar: Je komplexer und umfangreicher das vorgetragene Material war, um so mehr Lücken haben wir in unserem Kopf und selbst in unseren Notizen. Diese müssen wir so weit wie möglich ausfüllen. Dabei geht es zunächst um die Fehlstellen, die einfach dadurch zustande gekommen sind, daß wir uns nicht alles notieren konnten. Oft geht es einfach zu schnell, oder wir haben im ersten Anlauf schlicht und ergreifend noch nicht alles verstanden.

Festigung nicht später als ein bis zwei Tage „danach"

Nutzen Sie die frische Erinnerung!
So schnell wie möglich heißt hier übrigens: nicht später als ein bis zwei Tage nach dem „Ereignis". Warum? Weil sonst von dem, was Sie noch nicht im Kopf oder auf dem Zettel haben, einfach schon zuviel den Bach runtergegangen ist. Die größte Menge des einmal beherrschten Lernstoffes vergißt man praktisch schon am Tag danach.

Prozentsatz der behaltenen Silben

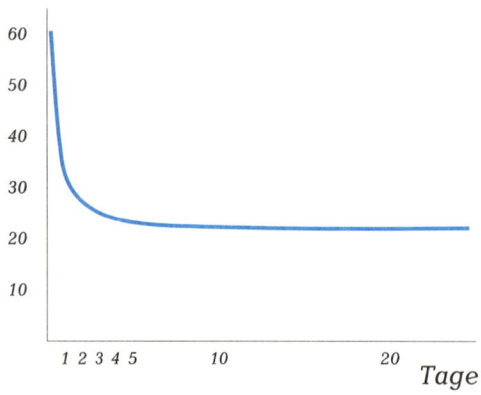

Vergessenskurve nach Ebbinghaus

Diese Untersuchungen gehen auf den deutschen Psychologen Ebbinghaus zurück. Er konnte im Selbstversuch nachweisen, daß gelerntes Material (bei ihm sinnlose Silben) am stärksten am ersten Tag vergessen wird und der Gedächtnisverlust sich nach dem vierten und fünften Tag deutlich stabilisiert.

Je interessanter, um so einprägsamer

Etwas relativieren müssen wir den guten Ebbinghaus natürlich von Anfang an. Erstens haben wir ja nicht sinnlose Wörter gelernt, sondern durchaus vernünftige Fakten und Daten. Und die standen in der Regel nicht nur in einem mehr oder weniger deutlichen Zusammenhang zueinander, sondern auch zu Themen und Bereichen, die wir schon wußten und kannten.

Solch einen Zusammenhang und derartige Assoziationen wollte Ebbinghaus bewußt umgehen, als er sinnlose Silben, wie z.B. CEK, LAX oder KAJ gelernt hat. Außerdem haben wir durch unsere innere Lern-Kommunikation den Stoff in quasireale Lebenssituationen mit Gesprächspartnern und einem räumlich-situativen Umfeld eingebettet. Dadurch haben wir diesen schon in einem viel komplexeren Zusammenhang gelernt. Wir dürften uns also schon wesentlich mehr gemerkt haben, als der deutsche Psychologe seinerzeit jemals hätte schaffen können.

Wenn Ihre Gefühle angesprochen sind, merken Sie sich alles leichter

Wiederholen heißt schon Festigen

Das „Wie" unserer weiteren Festigung ist unser nächstes Problem. Zunächst einmal ganz einfach: Sie nehmen Ihre Notizen und lesen sich die einzelnen Absätze laut vor. Jetzt können Sie es ja. Niemand wird sich gestört fühlen oder sich über Sie lustig machen. Dabei sollten Sie alles, was Sie in Abkürzungen, Bildern oder Piktogrammen „umschrieben" haben, in klare Sätze übertragen. Sie expandieren so den z.T. komprimierten Stoff wieder – Abkürzungen, vor allem aber bildliche Darstellungen, sind ja nichts anderes als Stoff-Komprimate. Hier haben Sie für ganz komplexe Aussagen einen einfachen und damit auch leichter zu speichernden Platzhalter geschaffen.

Lautes Lesen und Expandieren der verbildlichten Informationen

Ein Beispiel

Wie das aussehen kann? Ganz einfach: Nehmen Sie an, Sie hätten sich auf der letzten Betriebsversammlung folgende Notizen zu den Umsatzzahlen gemacht.

Kommunikativ orientiertes Lernen

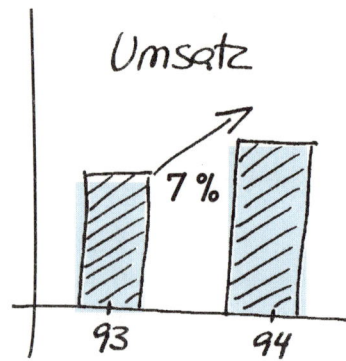

Beispiel: Expandieren von verbildlichten Informationen

So kann Ihr „Dialog" mit der Umsatzentwicklung Ihrer Firma aussehen

Hier könnten Sie die Informationen wie folgt aufrollen:
Was hat unser Chef noch mal noch zur Steigerung von '93 auf '94 gesagt? Die wäre sehr bedeutend. Daß ich nicht lache! Das behauptet er doch bloß, weil er erst seit Ende '92 bei uns ist. Von '90 auf '91 konnte sein Vorgänger noch mit ganz anderen Zahlen aufwarten. Oder lag das doch mehr an der Sonderkonjunktur? Wie auch immer. Der „Neue" soll sich bloß nicht so aufspielen.

Auch das läßt sich trainieren

So oder so ähnlich könnte das Expandieren von verbildlichten Informationen aussehen. Auch hier ist es am effektivsten, wenn Sie diese Technik einfach in der Praxis trainieren.

Hier richtig agieren, fragen, bezweifeln, antworten

Merken Sie was? Einmal entschlüsseln Sie komprimierte Informationen und breiten sie in der ganzen Fülle vor sich aus. Zum anderen werten Sie diese Infos oder Erkenntnisse bereits. Diesmal auf einer höheren Stufe als während des Vortrages. Allein schon dadurch, daß Sie laut artikulieren, beziehen Sie weitere Gehirn-Abteilungen in diesen Prozeß mit ein. Durch die Auseinandersetzung mit einem imaginären Gesprächspartner können Sie einfache

Fakten noch tiefer in „reale" Situationen einbetten. Wenn Sie sich jetzt vielleicht sogar auf einen kleinen Merkzettel eine Notiz machen, daß Sie mit dem „Neuen" mal über ein paar Ideen für den laufenden Umsatz sprechen wollen, sind Sie schon mitten in der Praxis drin.

Wiederholen heißt nicht nur Drüberlesen!

Beim Kommunizieren der einzelnen Abschnitte – hier ist übrigens wirklich Kommunizieren und nicht bloß Lesen gemeint! – werden Sie parallel dazu die Ergänzungen vornehmen, die Ihnen (noch) spontan einfallen. Danach ergänzen Sie offene Stellen und Lücken mit Fakten, die Sie aus anderen Büchern hinzuziehen. Hier macht sich die relative Großzügigkeit bei der Seitenaufteilung unserer DIN A-4-Blätter, die wir anfangs in Kauf genommen haben, mehr als bezahlt.

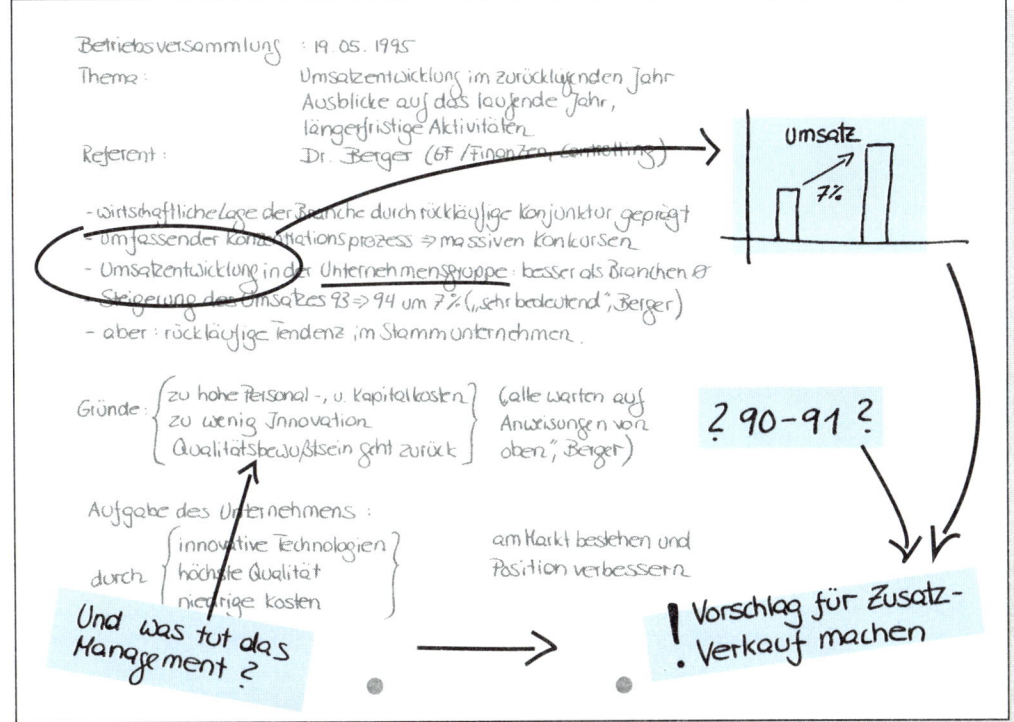

Beispiel: Zusammenhänge in Lern-Skripten grafisch darstellen

Arbeiten Sie mit dem, was Sie lesen!

Zusammenhänge und wesentliche Informationen grafisch hervorheben ...

Im nächsten Schritt kennzeichnen Sie wesentliche Informationen, aber auch Zusammenhänge durch Unterstreichungen, Pfeile, Einkreisungen o.ä. Das kann ruhig über mehrere Absätze hinausgehen. Ob Sie dazu einen farbigen Stift verwenden, bleibt Ihnen überlassen. Für diesen Zweck sollte es aber immer dieselbe Farbe sein (Standardisierung). Zur Not tut es natürlich auch Ihre normale Schreibfarbe (s. Beispiel auf S. 105).

Ihre Notizen werden zum Lernskript

... Notizen damit weiter strukturieren

Sie merken schon, daß Sie durch diese Hervorhebungen Ihre Notizen weiter strukturieren. Zudem setzen Sie sich dabei mit dem Stoff auseinander. Sie wiederholen, rekapitulieren und festigen, indem Sie Wichtiges von Unwichtigem trennen, Zusammenhänge herstellen und damit gleichzeitig auch Grenzen ziehen. Wenn es Ihnen zunehmend gelingt, auch diesen Prozeß zu „verkommunizieren" – um so besser! Aber das wird etwas dauern, weil sich viele in dieser Rolle einfach nicht wohl fühlen und weil die Situationen zu Hause oder im Büro oft auch nicht förderlich sind.

Schaffen Sie eigene Definitionen und Merksätze

Wenn Sie auf Definitionen, Merksätze und besonders wichtige Hinweise stoßen, hat es sich als sinnvoll erwiesen, diese mit eigenen Worten umzuschreiben. Erstens werden die meisten Dinge auf diese Weise viel verständlicher, weil Autoren und Trainer vor lauter Betriebsblindheit ihr Wissen oft nur noch in einem Fachjargon ausdrücken können. Und zweitens bearbeiten Sie damit dieses Thema vollkommen eigenständig. Sie werden zum Schöpfer dieser wichtigen Aussagen! Überprüfen Sie dabei immer, ob Sie diese Definitionen auch flüssig sprechen können. Wenn das der Fall ist, haben Sie diesen Stoffabschnitt nicht nur verstanden, Sie können ihn auch anwenden.

Jetzt ist es Zeit für die Gliederung

Spätestens jetzt dürfte sich auch die endgültige Struktur Ihrer Mitschrift ergeben haben. Sie können Hauptkapitel deutlich abgrenzen und einzelne Kapitel und Abschnitte ausmachen. Bitte aber nicht in mehr als drei Ebenen gliedern! Also nicht die Abschnitte auch noch in Unter-Abschnitte und Unter-Unter-Abschnitte unterteilen! Auch das trägt zu Übersichtlichkeit bei.

1   Hauptkapitel
1.1   Kapitel
1.1.1 Abschnitt

Eine Pause wirkt manchmal Wunder

Zeitlich dürften diese Arbeitsabläufe schon eine gewisse Zeit in Anspruch genommen haben. Je komplexer und je neuer das Thema für Sie war, um so mehr natürlich. Sie haben sich jetzt eigentlich eine Pause verdient, und die können Sie sich auch beruhigt genehmigen. Nun kann wirklich nichts mehr verschütt gehen.

Eine ganz entscheidende Etappe

Im nächsten Schritt geht es darum, die Hauptaussagen in eine Kurzform zu bringen. Diese Kurzform kann eine Art Überschrift, eine Definition, ein Merksatz oder auch eine Frage sein. Wichtig ist, daß Sie sich beim Erarbeiten dieser Kurzformen erneut mit den einzelnen Aussagen kommunikativ auseinandersetzen. Das dürfte nicht allzu viel Zeit in Anspruch nehmen, denn Sie haben den Text ja schon gut vorbereitet.

Sie brauchen neue Formulierungen...

Achtung: Nicht von den Sätzen leiten lassen, die Sie ohnehin schon notiert haben! Schaffen Sie neue Schlagsätze, Wortverbindungen, die ausdrucksstark sind. Vor allem solche, die sich bildhaft und emotional einprägen.

Verbale Merk-Formen – mehr als Randnotizen

Was unterscheidet eigentlich eine solche verbale Merk-Form von ganz normalen Randnotizen? Siehe dazu auch im Kapitel *Was man mit Mnemo-Techniken erreichen kann* unter *Komprimieren der Lern-Einheiten* auf S. 68 und 69.

> Das Erarbeiten solcher Formen führt dazu, daß Sie den Stoff darauf komprimieren. Sie schreiben nicht irgendwelche Fakten heraus, sondern übersetzen den Stoff in Ihre eigene Lern-Sprache. Die verbale Merk-Form wird zum Haken, an dem der „Rest" der Informationen aufgehängt ist.

Auch hier: Die Form ist wichtig

Hinweis: Die Merk-Formen sollten möglichst nicht mehr als sieben Wörter enthalten. Je prägnanter, kürzer, witziger, ungewöhnlicher, bildhafter, bewegter diese Merk-Formen sind, um so besser. Sie prägen sich so viel nachhaltiger ein. Aber das kennen Sie ja schon. Formal schreiben Sie diese kurzen Sätze in die rechte Spalte ihrer Notizen.

Trainingsmöglichkeiten im Alltag

... und weil das so ist: Merk-Formen üben!

Um ein besseres Verständnis dafür zu bekommen und das zu üben, sollten Sie in der nächsten Zeit mehr Zeitung lesen und auf Werbespots in Radio und TV achten. Schauen Sie sich die Headlines genauer an! Hören Sie genau hin, wie Slogans in den Werbespots klingen! Gute Headlines machen neugierig, sie regen zum Lesen an, sie ziehen einen förmlich in den Artikel hinein. An die besten von ihnen erinnert man sich noch ziemlich lange. Und natürlich auch an die Artikel, die sich dahinter „verbargen". Mit einem guten Werbeslogan gelingt es, komplexe Inhalte zu vermitteln, Stimmungen zu schaffen und hohe Erinnerungswerte zu erzielen. Nicht immer, aber immer öfter.
Aber jetzt sollten Sie wieder mal eine Pause einlegen. Verdient haben Sie sich das auf jeden Fall.

Phase 2: Festigung

Kürze ist Übungssache

Als nächstes folgt ein fakultativer Schritt, und der hängt stark vom Umfang Ihrer Mitschriften ab. Handelt es sich nur um zwei oder drei Seiten, können Sie wahrscheinlich darauf verzichten.

Wenn nötig:
Zusammenfassung erarbeiten
(eine DIN-A4-Seite)

> Sind Ihre Mitschriften dagegen zu umfangreichen Gesamtwerken angewachsen, sollten Sie eine Zusammenfassung erarbeiten. Wichtigstes formales Kriterium ist hier: Nicht mehr als eine DIN-A4-Seite!

Stellen Sie sich dazu bitte vor, Sie sind Geschäftsführer einer großen Unternehmensgruppe. Praktisch jeden Tag stehen für Sie Entscheidungen auf unterschiedlichsten Gebieten an. Um nicht nur aus begrenzter Sicht diese Probleme beurteilen zu können, benötigen Sie von Ihren Spezialisten konkrete und übersichtliche Entscheidungsvorlagen. Aus Zeitgründen wollen und können Sie aber keine langen Pamphlete lesen. Und genau das ist auch die Zielstellung, die Sie sich bei der Erarbeitung einer Zusammenfassung stellen sollten.

Aber keine neuen Pamphlete schreiben

Worauf es ankommt

Tragen Sie nur die wirklich wichtigen Hauptgedanken zusammen! Nutzen Sie die komprimierende und behaltensfördernde Wirkung von Darstellungen, Diagrammen, Tabellen o.ä. (siehe dazu auch die Zusammenfassungen im Anhang)!

Manchmal helfen auch formale Vorgaben

Auch wenn die Vorgabe, nur eine DIN-A4-Seite zu beschreiben, angesichts der Komplexität mancher Probleme etwas formal anmutet – es ist zu schaffen. Den Beweis dafür finden Sie in vielen guten Büchern.

Außerdem ist dieser Schritt eine weitere gute Übung, um den Stoff noch einmal zu komprimieren. Das kommt auf jeden Fall der Behaltensleistung zugute. Und last but not least machen Sie sich für spätere Zeiten das Nachschlagen einfacher. Sie brauchen dann im ersten Schritt nur in der Zusammenfassung nachzulesen, wenn Sie etwas suchen.

Wollen Sie nur Fragen zum Thema beantworten ...

Bis hierher, wenn der Stoff passiv beherrscht werden soll

So. Wenn Sie bei diesem Punkt angelangt sind, können Sie ziemlich sicher sein, daß Sie diesen Stoff passiv beherrschen. Was das bedeutet? Sie werden, wenn Sie im beruflichen Leben oder im Alltag auf eine der behandelten Fragen treffen, den gelernten Stoff rekonstruieren können. Besser jedenfalls, als hätten Sie Ihn gar nicht oder nur durch einfaches Wiederholen versucht zu lernen.

Und wo bleibt die Anwendungsphase?

Sie vermissen noch die Anwendungsphase? Richtig. Die fehlt doch noch. Aber eigentlich wiederum auch nicht. Wenn Sie den vermittelten Stoff nur als Hintergrundwissen für andere Aufgaben benötigen, können Sie den Lernprozeß als abgeschlossen betrachten. Für solche Anwendungsfälle sind Sie gut gerüstet. Auch das ist ein Vorteil dieser Herangehensweise. Sie setzen immer nur so viel Kraft und Zeit ein wie nötig.

... oder selbst etwas zum Thema sagen können?

Wenn Sie das neue Wissen aber zur aktiven Anwendung bringen wollen, dann müssen Sie noch einen Schritt weiter gehen.

Phase 3: Anwendung

Wie läßt sich anwendungsbereites Können zielsicher ausprägen? Welche Übungen sind hier geeignet? Wie kann ein direkter Bezug zur Praxis hergestellt werden?

Die Anwendungsphase – wie sie hier konzipiert ist – bleibt insbesondere dem Lernstoff vorbehalten, der wirklich zur aktiven Anwendung kommen soll. Sie ist damit das eigentliche Testlabor, der ultimative Prüfstand für die Praxis. Dementsprechend sollten auch die Übungen aussehen, die Sie hier gestalten.

Zur Übungsgestaltung sind eigene Ideen gefragt

> Weil Sie sich hier ganz eng an der Schnittstelle zur echten Praxis bewegen, können natürlich letztlich nur Sie entscheiden, wie Sie diese Trainingsaufgaben ausgestalten. Von den Grundmerkmalen sollten Sie aber keinesfalls abgehen.

Hier zeigt sich, wer wirklich Bescheid weiß

Trotz aller Verschiedenheit haben sich auch hier bestimmte Aufgabenstellungen bewährt. Wenn wir wieder von unserem Beispielvortrag ausgehen, in dem Herr Ziel gesessen hat, könnte sich folgende Praxissituation ergeben: Leider konnten die Azubis nicht an diesem Vortrag teilnehmen. Sie waren zur selben Zeit in der Berufsschule. Weil Herr Ziels Chef diesen Vortrag für sehr interessant hält, bittet er Herrn Ziel, diesen in einem kurzen Lehrgespräch mit den Azubis auszuwerten und sie von den wichtigsten Fakten und Zahlen in Kenntnis zu setzen.

Vortrag vorbereiten – gute Anwendungsübung!

Spielen Sie eine Rolle ...

Unabhängig davon, wie Ihre konkrete Aufgabe aussieht: Derartige Vortragsvorbereitungen eignen sich in vielen Fällen, um praktisches Können auszuprägen. Zumindest können Sie die Anwendungsbereitschaft des bisher erarbeiteten Wissens testen. Wichtig ist auch hier, daß Sie diese Situation auf jeden Fall aber komplex ausmalen und die Ihnen jetzt zukommende Rolle wirklich ausfüllen. Auch dazu einige Bemerkungen:

> Das Spielen einer Rolle, das wir ja auch in vorangegangenen Phasen schon angewandt haben, ist nicht nur ein einfaches Kennzeichen dieses methodischen Herangehens. Es gehört vielmehr zu seinem Kern. Ihre Rolle und damit Ihr Auftreten in einer quasirealen Situation ist Ziel und Methode zugleich.

... bis ins kleinste Detail

Je besser es Ihnen gelingt, in diese Rolle hineinzuschlüpfen, und je näher Sie die Situation an die wirkliche Praxis heranbringen können, um so größer wird Ihr Lernerfolg sein. Deshalb sollten Sie als ein Grundmerkmal dieses Rollenspiels die wirklich deutlich ausgeführte Rede sehen. Das trifft auf die anderen Phasen zwar z.T. auch zu, auf die Anwendungsphase aber ganz besonders.

Rollenspiel muß trainiert werden

Trainieren Sie wie ein Schauspieler, um Ihre Rolle auszugestalten. War bisher alles noch Vorbereitung für den großen Auftritt, stehen Sie jetzt vor der Haupt- und der Generalprobe. Danach kommt nur noch der Auftritt vor dem Publikum.

Ihre Vorbereitung: Zwei Schritte sind nötig

Ihre Vorbereitungen auf einen Vortrag gliedern sich in zwei Schritte: Für den ersten Schritt verwenden Sie Ihre in der Festigungsphase überarbeiteten Lern-Skripte. Verwenden Sie als roten Faden für Ihren Vortrag oder Ihr Seminargespräch nur die herausgearbeiteten Merk-Formen oder die Zusammenfassung, falls Sie eine erarbeitet haben.

Roter Faden für Schritt 1: Merk-Formen

Damit die Situation wirklich realistisch wird und Ihre Vorstellung davon nicht verblaßt, notieren Sie auf einem Extrablatt folgende Vorgaben:

Phase 3: Anwendung

> Genaue Beschreibung des Themas:
> - Worüber wollen Sie sprechen?
> - Was wollen Sie erreichen?
> - Eventuell den Anlass für diese Veranstaltung
> - Gliederung grob vorwegnehmen
>
> Zielgruppe:
> - Wer nimmt daran teil?
> - Was wissen die schon über das Thema?
> - Wie könnte deren Reaktion sein?

Je realistischer, um so besser

Um es noch einmal klarzustellen: Dies ist eine Trainingssequenz. Sie bereiten sich auf einen imaginären Vortrag vor einer fiktiven Zuhörerschaft vor. Gerade in der Anfangsphase macht es sich aber sehr gut, wenn Sie wirklich so tun als ob.

Thema so darlegen, daß es auch andere verstehen!

> Sie können damit nicht nur besser in Ihre angenommene Rolle hineinschlüpfen; Sie „zwingen" sich auch, Ihr Thema so zu beleuchten, daß es auch andere verstehen und akzeptieren können.

Um bei unserem Beispiel zu bleiben: Herr Ziel wird wahrscheinlich kein Lehrgespräch mit den Azubis haben. Er soll in Zukunft die notwendigen Konzepte, Systeme und Verfahrensanweisungen erarbeiten, um ein Umweltmanagement-System in seinem Unternehmen einzuführen. Wenn er sich jetzt zu Übungszwecken konsequent trotzdem auf ein solches Lehrgespräch vorbereitet, dann nur deshalb, weil er damit zwei Fliegen mit einer Klappe schlägt.

– Er nutzt die fördernde Wirkung, die dieses kommunikationsorientierte Herangehen auf die Behaltensleistung hat, und
– er lernt gleichzeitig, sicher aufzutreten und dieses Thema darzustellen.

Niemand hört gern die eigene Stimme ...

Vortrag auf Kassette aufnehmen!

Jetzt können Sie mit Ihrem Vortrag eigentlich beginnen. Dazu sollten Sie Ihren Vortrag auf Kassette aufnehmen. Am Anfang werden Sie mehr oder weniger erschüttert sein, wenn Sie die Kassette abhören. Erstens wird Ihre „schreckliche Stimme" Sie stören, zweitens das z.T. noch erheblich zusammenhanglose Gerede, das Sie sich da anhören müssen. Aber davon sollten Sie nicht allzu sehr erschüttern lassen.

... weil niemand sie kennt

Die Sache mit Ihrer Stimme ist leicht erklärbar: So wie Sie sich jetzt hören, hören Ihre Familienangehörigen, Ihre Kollegen und Freunde Sie schon so lange, wie sie Sie kennen. Jeder akzeptiert das so, und niemand findet etwas dabei. Und daß Ihr Vortrag noch nicht vollkommen ist, ist doch wohl logisch. Oder hätten Sie etwas anderes erwartet?
Diese Übung werden Sie je nach Umfang und Komplexität des Stoffes wahrscheinlich immer in mehreren Etappen machen. Auch werden Sie am Anfang das Ganze vielleicht sogar des öfteren hinschmeißen. Lassen Sie sich davon nicht entmutigen. Machen Sie weiter! Sie sind einen derartigen Arbeitsstil einfach noch nicht gewöhnt.

Jede Situation nutzen, um zu üben!

Das Gute daran ist aber, daß Sie einzelne Sequenzen, die Sie schon ganz gut beherrschen, auch bei anderen Tätigkeiten weiter üben können. Beim Rasenmähen etwa, beim Geschirrspülen und wann immer es Ihnen paßt.

Hier werden Sie wahrscheinlich z.T. auf die innere Lern-Kommunikation zurückgreifen müssen, sonst verwundert sich Ihr Umfeld wohl doch zu sehr.
Wenn Sie den Stoff so wenigstens einmal (wenn auch nicht in einem Durchgang) vorgetragen haben, sollten Sie wieder eine Pause einlegen, alles noch einmal überschlafen, Abstand gewinnen.

Kann man eigentlich auch im Schlaf lernen?

Erinnern Sie sich, was wir zur Theorie des Vergessen gesagt hatten? Es gibt einmal eine Spurenzerfallstheorie, die davon ausgeht, daß Erinnerungen verblassen und ganz verschwinden. Die andere, die Interferenztheorie, geht davon aus, daß Vergessen durch das Einwirken anderer Informationen, Eindrücke usw. beeinflußt wird. Einmal Gewußtes wird Stück für Stück überschrieben, wenn es nicht in der Praxis verwendet wird.

Eine Reihe von Tests hat gezeigt, daß Probanden, die nach dem Lernen von Wissensstoff schlafen durften, weniger vergessen hatten als ihre Kollegen, die sich danach sofort wieder mit ihren normalen Arbeitstätigkeiten beschäftigt haben. Das scheint eher die Interferenztheorie zu bestätigen. Ob dort die einzige Ursache fürs Vergessen liegt, ist jedoch nicht sicher.

Lernen vorm Schlafen kann nützlich sein!

Gönnen Sie Ihrem Kopf schöpferische Pausen

Ohne uns in diese Diskussion einmischen zu wollen, kann es aber sinnvoll sein, diese Erkenntnisse zu nutzen.

> Sie sollten Ihre Lernschritte immer so organisieren, daß Sie danach Entspannungsphasen einlegen oder wirklich nach einem kleinen Spaziergang zu Bett gehen können.

Berufstätige oder „hart arbeitende Eltern" werden den größten Teil ihrer Lernarbeit ohnehin in den Abendstunden erledigen.

Zumindest sollten Sie aber versuchen, die wichtigen Lern-Abschnitte nicht in ohnehin schon streßbeladene Arbeitsphasen hineinzudrücken. Es gibt zwar Menschen, die so etwas können und sich beim Arbeiten auch durch rein gar nichts ablenken lassen. Es gibt ja auch bestimmte Methoden, die paralleles Lernen als sehr effektiv propagieren. Ihre Art sollte das nicht sein. Zumindest nicht in der Anfangsphase, in der Sie das Lernen ja auch noch lernen.

Jetzt an den „Feinschliff" gehen

Basis für Schritt 2: Karteikarten (DIN A5)

Der zweite Schritt sieht dann folgendermaßen aus: Sie bereiten Ihren Vortrag jetzt noch detaillierter vor. Dazu notieren Sie sich den roten Faden für Ihren Beitrag auf Karteikarten (nicht größer als DIN A5). Basis dafür sind natürlich wieder die verbalen Merk-Formen. Das Neue daran ist: Sie haben durch Schritt 1 bereits angetestet, auf welchen Gebieten Sie sattelfest sind. Hier können Sie wahrscheinlich

Sichere Passagen: Nur Stichpunkte

auf umfangreichere Notizen verzichten. Es genügen meist Stichworte oder einige Zahlen als Platzhalter, um den ganzen „Rest" an Informationen, der sich dahinter verbirgt, zu rekapitulieren.

Nicht alles im Kopf haben wollen!

Unsichere oder komplizierte Bereiche bauen Sie eben etwas umfassender aus. Schreiben Sie aber nicht die ganzen Karteikarten voll. Die sind wirklich nur als Stütze für einen freien Vortrag gedacht.

Unsichere Passagen: Querverweise

Wenn Sie auf umfangreiche Passagen zurückgreifen wollen, machen Sie sich nur einen Querverweis auf die entsprechende(n) Seite(n) Ihrer Lern-Skripte oder Bücher. Wenn Sie in Ihrem Vortrag an dieser Stelle angekommen sind, weisen Sie Ihre Zuhörer darauf hin, daß Sie jetzt zitieren werden. Es macht nämlich keinen Sinn, so zu tun, als spräche man frei, während man versucht abzulesen. Außerdem nimmt es einem kaum jemand übel,

Phase 3: Anwendung

wenn man nicht alle Verordnungen und Gesetze oder ganze Versuchsreihen und deren Ableitungen aus dem Kopf herbeten kann.

Den Ernstfall üben

Für Ihr Training sollten Sie sich jetzt vornehmen, Ihren Auftritt möglichst komplett durchzuziehen. Treten jetzt noch Versprecher auf oder bleiben Sie manchmal stecken, versuchen Sie, das wie bei einem echten Vortrag zu überbrücken. Sie checken und festigen so nicht nur Ihre Kenntnisse über das betreffende Stoffgebiet, Sie trainieren damit auch gleich Ihre allgemeinen kommunikativen Fertigkeiten.

Vortrag durchziehen = Stoff festigen + Auftreten trainieren

> Wo und wann immer es möglich ist, sollten Sie eine Person Ihres Vertrauens bitten, bei dieser Generalprobe zuzuhören. Weisen Sie diesen Zuhörer so weit wie nötig in alles ein, und machen Sie Ihn damit zum Publikum und zum Regisseur in einer Person. Wenigstens für die ganz entscheidenden Abschnitte sollten Sie sich das vornehmen. Dabei ist es gar nicht so erheblich, daß Ihr Zuhörer vielleicht nicht allzuviel von dem versteht, was Sie da vortragen.

Ein Partner ist hilfreich

Ein Außenstehender, der nicht betriebs- oder themenblind ist, sieht in aller Regel Dinge, die Ihnen bei aller Korrektheit in der Vorbereitung gar nicht mehr auffallen können. Zumindest kann er sich aber zu Ihrem gesamten Auftreten äußern. Und falls es interessierte Zwischenfragen eines Laien gibt, können Sie dabei Ihre Fähigkeit trainieren, als Fachmann Ihr Wissensgebiet auch populär darzustellen. Zu guter Letzt lernen Sie dabei noch, sich auf eine ganz neue Art mit Ihrem Partner oder Freunden und Kollegen über Ihre Probleme auseinanderzusetzen.
Alles das sind Resultate Ihres kommunikativ orientierten Lernprozesses, die sich quasi nebenher und ganz automatisch einstellen.

Kritik hilft, nicht betriebsblind zu werden

Kommunikativ orientiertes Lesen: die drei Phasen in kompakter Form

Kann man kommunikativ orientiertes Lernen auch dann anwenden, wenn man sich den Stoff durch Lesen vorrangig allein aneignen muß? Unterscheiden sich die einzelnen Phasen beim Selbst-Lernen gegenüber einer Teilnahme an Lehrveranstaltungen?

Lesen – immer noch aktuell, wenn es um Wissensaufnahme geht

Hatten wir in unserem Beispiel bisher angenommen, daß Herr Ziel in seinem ersten Vortrag den neuen Lernstoff durch einen Trainer im Vortrag vermittelt bekommt, so gibt es natürlich auch Formen, bei denen wir uns das Wissen selbständig aneignen. Die am weitesten verbreitete Form dürfte nach wie vor das Lesen sein. Selbst wenn moderne Medien und vor allem das Stichwort Multimedia in aller Munde sind, das Buch als Informationsspeicher wird so schnell nicht abgelöst werden.

Das gute alte Buch ist nicht totzukriegen

Erinnern Sie sich an die Zeit, als die ersten Personal-Computer aufkamen und alsbald nicht nur das papierlose Büro, sondern auch die buchlose Bibliothek zu kommen schien? Und was passierte? Der Papieraufwand in den Büros nahm bei weitem nicht ab, und in den Bibliotheken sind auch heute noch in erster Linie Bücher gefragt.
Trotzdem: Das interaktive Multimedia-Zeitalter ist natürlich nicht aufzuhalten. Die weltweite Vernetzung der Firmen, aber auch der Privathaushalte mit Zugriff auf ungeheure Informationsspeicher und der Möglichkeit zur umfassenden Kommunikation wird kommen. Aber auch dann können Sie sicher sein, daß Sie mit dem Erwerb dieses Buches und dem Erlernen der hier propagierten Techniken me-

Methode auch im Multimedia-Zeitalter anwendbar

Kommunikativ orientiertes Lesen

thodisch aufs richtige Pferd gesetzt haben. Denn erstens werden sich die grundsätzlichen Lernprozesse durch technische Neuerungen nicht ändern, und zweitens ist das hier beschriebene methodische Herangehen ohnehin schon auf Kommunikation ausgerichtet. Auch das ist ein entscheidender Vorteil, weil Ihr Lernen sowohl von der Zielsetzung als auch von der Methode her auf aktive Auseinandersetzung mit dem Neuen orientiert ist.

Nicht einfach drauflosesen!

> Beim kommunikativ orientierten Lesen werden wir nicht das Fahrrad neu erfinden. Hier wird ganz natürlich auf all das zurückgegriffen, was sich bereits bewährt hat. Egal, ob Sie vorhaben, ein ganzes Buch zu lesen, oder ob es nur ein kürzerer Fachartikel ist: Sie sollten nicht sofort drauflosstürzen.

Stimmen Sie sich zunächst auf das Buch oder den Artikel ein. Stellen Sie sich also wieder die Fragen:

Benötige ich dieses Buch für mein Weiterkommen bzw. interessiert es mich sonstwie?

☐ unbedingt ☐ mittel ☐ kaum bis gar nicht

Wie kenne ich mich in dieser Thematik aus?

☐ gut ☐ mittel ☐ kaum bis gar nicht

Was erwarte ich von diesem Buch, nachdem ich das Thema und den Autor kenne? (Bitte auf drei Stichpunkte beschränken)

—
—
—

Vorschlag zum Einstimmen auf ein Buch

Erst mal sehen, worum es geht

Überblick verschaffen, Grundgedanken kennenlernen ...

Als nächstes verschaffen Sie sich einen Überblick: Überprüfen Sie, wie weit dieses Buch oder der Artikel Ihrer Zielstellung und Ihren Qualitätsansprüchen entspricht.

> Nutzen Sie dazu als erstes die Klappentexte, das Vorwort, dann das Inhaltsverzeichnis mit den Haupt-Überschriften und den entsprechenden Kapitel-Überschriften sowie – wenn vorhanden – die Zusammenfassung.

Gute Bücher leisten Ihnen Hilfestellung

Sie werden dabei feststellen, daß Autoren, die den Nutzern ihrer Bücher das Lesen erleichtern wollen, darauf bereits Rücksicht genommen haben.
In diesen Büchern werden Sie darüber hinaus auch ein Stichwortregister und ggf. eine Begriffserklärung (Glossar) finden. Zusätzlich gibt es oft Kurzzusammenfassungen zu den einzelnen Kapiteln, was nicht selten in Frageform geschieht und damit die Kommunikation bereits vorab anregt. Oder Sie können sich zusätzlich an Marginal-Hinweisen einen noch detaillierteren Überblick verschaffen.

Kommen Sie mit dem Buch ins Gespräch!

... durch lautes Lesen: Auseinandersetzen mit dem Stoff

Das sollten Sie nicht durch stilles Anschauen tun, sondern so weit wie möglich schon durch aktives Kommunizieren. Lesen Sie also die Klappentexte oder die Überschriften möglichst laut vor. Diskutieren Sie – ähnlich wie beim Vortrag – das Gelesene. Antworten Sie also auf Feststellungen, Kernsätze, Hypothesen, die Sie in den Texten oder Überschriften finden, immer mit: *Ja, das sehe ich auch so, das könnte interessant werden.* Oder in der verneinten Form: *Das kann es ja wohl nicht sein, das sehe ich ganz anders.*

Kommunikativ orientiertes Lesen

Das kennen Sie ja schon. Vielleicht beginnen Sie Ihr Training ja auch mit dieser Form. Sie verschafft Ihnen den wahrscheinlich einfachsten Einstieg in die Lern-Kommunikation.

Lesen: Leichtester Einstieg in die Lern-Kommunikation

Finden Sie Fragen zum Stoff!

Wenn Sie sich entschieden haben, das Buch zu lesen, steigen Sie in die einzelnen Kapitel mit leicht modifizierten Fragen ein. Das gilt insbesondere dann, wenn sich die Themen der einzelnen Kapitel stark unterscheiden.

> Wie kenne ich mich in diesem Themenbereich aus?
>
> ☐ gut   ☐ mittel   ☐ kaum bis gar nicht
>
> Was erwarte ich von diesem Kapitel? Was interessiert mich?
>
> —
>
> —

Vorschlag zum Einstimmen auf ein einzelnes Kapitel

Natürlich sind diese Fragestellungen nur Hinweise und Empfehlungen für den Einstieg. Klar ist auch, daß sich beim Lesen wiederum neue und detailliertere Fragen ergeben.

Schrittweise weiter einsteigen!

> **Lesen heißt Mitdenken**
>
> Lesen Sie anschließend die jeweiligen Kapitel durch. Versuchen Sie, zumindest die wichtigen Abschnitte laut zu lesen, und denken Sie sich in die Situation hinein.

Anders als bei einem Vortrag können Sie das Lesen ja jederzeit unterbrechen und für sich eine Lern-Kommunikation einschieben. Für das situative Einbetten des Themas gilt dasselbe wie schon beim Vortrag.

Unterstreichen ist gar nicht so einfach

Unterstreichungen, Merk-Formen – wenn möglich gleich im Buch!

Falls das Buch Ihnen gehört, können Sie die wichtigsten Aussagen und Erkenntnisse gleich im Buch unterstreichen. Aber Achtung: Auch das scheinbar so leichte Anstreichen will gelernt sein. Die meisten streichen nämlich zu viel und oft auch das Falsche an. Bitte immer erst dann anstreichen, wenn Sie einen Abschnitt ganz durchgelesen haben!

Wesentliches und Unwesentliches unterscheiden

Nicht ganze Absätze unterstreichen

Wichtig sind nur Wörter, die die eigentlichen Bedeutungsträger sind. (Was damit gemeint ist, erfahren Sie an einem Beispiel am Ende dieses Kapitels.) Übrigens, deutlichstes formales Kennzeichen, daß zuviel und damit lernpsychologisch auch Sinnloses angestrichen wurde, sind Unterstreichungen ganzer Absätze. Gerade die Entscheidung darüber, was das Wesentliche ist – und was Sie dann natürlich auch unterstreichen – ist ein idealer Lernschritt.

Bücher kaufen lohnt sich

Es macht sich also in vielen Fällen bezahlt, wenn Sie sich wichtige Bücher kaufen. Können Sie das nicht und haben Sie ein Buch nur geliehen, dann bleibt Ihnen die Möglichkeit sich Stichpunkte zu notieren. Achten Sie aber bitte darauf, daß diese Stichpunkte nicht ausufern! Sie dienen zunächst ja nur dazu, sich einen Überblick über dieses Kapitel zu verschaffen. Vergleichen Sie nach dem Lesen des Kapitels anhand Ihrer Unterstreichungen oder Stichpunkte, ob es Ihre Erwartungen erfüllt hat. Haben Sie nichts Neues oder Interessantes gefunden, gehen Sie zum nächsten Kapitel.

Markierungen, Piktogramme, Merkformen ...

Schätzen Sie die Informationen aber als wichtig ein, dürften die nächsten Schritte schon klar sein:

> Zusätzlich zu den Unterstreichungen werden Zusammenhänge durch farbige Markierungen sichtbar gemacht. Piktogramme und Zeichen erhöhen die Verständlichkeit und steigern durch ihre Bildhaftigkeit die Behaltensleistung. Und last but not least kommen im nächsten Schritt unsere verbalen Merk-Formen.

Entweder Sie erarbeiten diese auch gleich im Buch (siehe Beispieltext am Ende diese Kapitels), oder Sie fügen sie in Ihre Notizen ein, die nichts anderes sind als die schon vom Vortrag her bekannten Lern-Skripte.

... Zusammenfassungen

Wenn Sie es als sinnvoll erachten, könnten Sie jetzt, wenn nicht schon vorhanden und verwendbar, eine Zusammenfassung erarbeiten. Dabei gelten im Prinzip dieselben Kriterien, die wir im Kapitel *Phase 2: Festigung* aufgestellt haben.

... und dann das Gelernte frei wiedergeben

Wie weit Sie die Lern-Kommunikation ausbauen, hängt natürlich davon ab, ob Sie das angeeignete Wissen passiv oder aktiv beherrschen müssen. Benötigen Sie es für aktive Tätigkeiten, geht es hier im bekannten Verfahren weiter.

Wie gehabt: „Vortrag" trainieren!

11.1.2 Morphologie der Synapsen

Im Rahmen der Informationsübertragung stellen die Synapsen wichtige funktionelle Kontaktstellen zwischen den Nervenzellen dar. Heute wird angenommen, daß ein Neuron des menschlichen Gehirns 10^3 bis 10^4 solcher Kontaktstellen besitzt (Abb. 507/1). Infolge der zahlreichen Verbindungen, die jede Nervenzelle eingeht, sind faktisch alle Bereiche des Gehirns untereinander verknüpft. In der Biokybernetik ist der Begriff Netzwerkstruktur des Zentralnervensystems geprägt worden, der die realen Bedingungen sehr anschaulich zum Ausdruck bringt.

Wenn in diesem Netzwerk nicht eine sinnvolle räumliche Struktur bestände, die durch eine ganz bestimmte Verteilung von hemmenden und erregenden Synapsen sowie durch einige weitere Gestaltungsprinzipien bedingt ist, dann müßte jeder Reizanstoß zu einer richtungslosen, diffusen Erregungsausbreitung führen. Tatsächlich weist aber die Erregungsverteilung eine räumliche Musterung auf, die jederzeit mit der Organtätigkeit und den Verhaltensreaktionen korreliert (Raum-Zeit-Gefüge der elektrobiologischen Erscheinungen). Dabei ist das Gehirn nicht völlig starr organisiert, sondern es besitzt eine gewisse Plastizität: Die Funktionen einiger Gehirnbereiche können bei Ausfall bis zu einem gewissen Grad von anderen Nervenzellkomplexen übernommen werden. Bei diesem "Umlernprozeß" des Gehirns kommt den Synapsen ebenfalls eine große Bedeutung zu.

Ein Beispiel, wie der Benutzer sich einen schwierigen Text erarbeiten kann.

Hier können Sie sich orientieren

Und hier ein Beispiel zum Unterstreichen und Strukturieren eines Textes. Natürlich hängen die Unterstreichungen ganz wesentlich von der eigentlichen Aufgabenstellung und den Vorkenntnissen des Lesers ab. Sie werden also von Situation zu Situation immer anders ausfallen. Dennoch lassen sich einige grundlegende Gemeinsamkeiten in Bezug auch die Unterstreichung wesentlicher Fakten darstellen.

Einen eigenen Stil entwickeln

Wie schon gesagt: Wahrscheinlich würde diese durchgearbeitete Seite bei jedem Menschen aufgrund unterschiedlicher individueller Voraussetzungen anders aussehen. Dennoch wird wohl eines deutlich: Durch Unterstreichungen, weitere Hervorhebungen und eigene Aufzeichnungen läßt sich praktisch im Buch ein schnell erfaßbares und gut merkbares Lern-Skript erarbeiten.

Weniger ist auch hier mehr!

> Achten Sie bitte darauf, daß Sie nicht zu viel unterstreichen. Es sollten möglichst nur einzelne Stichwörter sein. Erarbeiten Sie lieber eigene Merkformen und bildhafte Übersichten. Eine entscheidende Voraussetzung dafür: Sie müssen den jeweiligen Abschnitt immer erst komplett durcharbeiten, bevor Sie etwas anstreichen oder eine eigene Notiz vornehmen.

Diese Technik erlernen und vervollkommnen Sie am besten, indem Sie sie in der Praxis anwenden. „Trockenübungen" in Büchern, die Sie momentan nicht lesen (müssen), dürften nicht allzu viel bringen, da Sie schnell die Motivation verlieren würden.

Trainieren durch Anwenden

Kommunikativ orientiertes Fremdsprachen-Lernen (FSL)

Wieder drei Phasen – natürlich etwas anders

Welche Vorteile hat kommunikativ orientiertes FSL gegenüber anderen Methoden? Ist es nur für bestimmte Sprachen anwendbar? Kann man es nur anwenden, wenn man allein lernt?

Zunächst eine gute Nachricht: Das Lernen von Fremdsprachen ist im Bereich der Erwachsenenbildung wahrscheinlich das am meisten beackerte Gebiet. Das Kursangebot ist vielfältig, und in der Masse finden sich viele seriöse Institute, die nichts mehr mit der alten Vokabelpaukerei am Hut haben. Auch sind die meisten Lern-Materialien heute in der Regel schon optimal aufgebaut. Sie lassen im Hinblick auf bildliche Darstellung, situative Einbettung des Lernstoffes und Möglichkeiten zur Interaktion kaum noch Wünsche offen. Beste Voraussetzungen also, um eine Fremdsprache zu erlernen?

Breites Angebot an Lern-Materialien

Was „Super-Methoden" wert sind?

Jetzt die schlechte Nachricht. Erstens tummelt sich auf diesem Gebiet auch eine ganze Menge schwarzer Schafe, die mit vollmundigen Versprechungen Super-Kurse und Super-Materialien anbieten. Um diese sollten Sie gleich einen großen Bogen machen. Eines ist doch klar: Gäbe es die eine Super-Methode, dann hätte die sich doch wohl weltweit durchgesetzt. Zweitens bieten die seriösen Institute zwar gute Seminare bzw. Materialien an, um eines kümmern sie sich aber auch nicht bzw. nur unzureichend: Sie machen dem Erwachsenen

Achtung vor schwarzen Schafen!

nicht deutlich genug klar, wie er die Vokabeln und die sie verbindenden Regeln lernen soll und wie er zu anwendungsbereitem Können kommen kann. Gerade die Festigungs- und z.T. auch die Anwendungsphase werden auch hier vernachlässigt.

Kommunikation wieder Ziel und Methode in einem

> Kommunikativ orientiertes Fremdsprachen-Lernen setzt auch wieder ganz konsequent auf anwendungsbereites Können. Das bedeutet: Nicht Vokabel-Lernen, sondern das Ausprägen der vier kommunikativen Grundfertigkeiten – Hören, Sprechen, Lesen und Schreiben – ist vorrangige Zielstellung.

Lernen und Pauken sind zweierlei Dinge

Heißt das, ich muß keine Vokabeln und Grammatik-Regeln mehr pauken? Alles klappt wie ganz von allein oder wenigstens fast nebenbei? Nein. Dann wären wir ja auch auf dem Niveau irgendwelcher Super-Techniken. Ohne Lernen geht nichts. Es muß aber nicht mehr trocken und vor allem, es muß nicht mehr so uneffektiv sein wie das Lernen isolierter Vokabeln und Regeln.
Kommunikatives Lernen haben Sie bis jetzt ja so kennengelernt, daß Sie sich aktiv mit dem neuen Lernstoff auseinandersetzten. Neues Wissen wurde durch konsequentes Interagieren selbständig erarbeitet.
In allen Lern-Phasen haben Sie den Stoff dabei kommunikativ „auseinandergenommen". Und um nichts anderes geht es beim kommunikativ orientierten Fremdsprachen-Lernen. Grundsätzlich gilt nämlich auch hier: Egal ob Englisch oder Französisch, Russisch oder Ungarisch, Chinesisch oder Arabisch – beim kommunikativ orientierten Fremdsprachen-Lernen wirken wieder die bekannten drei Phasen:

Die bekannten drei Phasen

Fremdsprachen-Lernen (FSL)

Die bekannten drei Phasen

1. Vermittlungs- und Aneignungsphase
2. Festigungsphase
3. Anwendungsphase

Sprache und Kommunikation – natürliche Partner

Fremdsprachen-Lernen: ideal mit Lern-Kommunikation!

Die Besonderheiten bestehen vor allem darin, daß der Lernstoff (die Fremdsprache) praktisch immer mit einer kommunikativen Fertigkeit einhergeht. Hier müssen Sie keine Situationen konstruieren oder nur im stillen Kämmerlein funktionierende Rollenspiele inszenieren. Kommunikation als Methode ist praktisch immer angesagt.

In der Gruppe geht es besser

Aus diesem Grunde sollten Sie eine Fremdsprache möglichst immer in einer Gruppe unter Anleitung erlernen. Dabei sollte Ihr Lehrer Muttersprachler sein. Die so vorhandenen Möglichkeiten zur Interaktion sind durch nichts zu ersetzen. Auch nicht durch moderne Medien und noch so gut gestaltete Materialien.

Zudem haben Sie durch Ihren Lehrer, aber auch durch die Gruppe selbst, immer einen äußeren Motor, der gegen die eigene Bequemlichkeit anarbeitet und Ihre Motivation am Kochen hält. Letzteres ist besonders wichtig, weil so ein Kurs doch über einen mehr oder weniger langen Zeitraum geht. Also auch beim Fremdsprachen-Lernen die schon bekannten drei Phasen – aber mit einigen Besonderheiten.

Phase I: Vermittlung und Aneignung (FSL)

Was kann man tun, um sich von Anfang an voll auf den Stoff zu konzentrieren? Kann man diese Phase auch beeinflussen, wenn man an einem Kurs teilnimmt? Welche Unterschiede gibt es, wenn man allein lernt?

Wenn Sie in einem Kurs lernen

Jetzt kommen wir endlich auf Frau Liebig zu sprechen, die mit ihrem Englischkurs begonnen hat. Es ist ein typischer Volkshochschul-Kurs: einmal die Woche drei Stunden. Dabei ist die erste Stunde der Lektion aus der Vorwoche gewidmet. Danach steigt die Gruppe in den neuen Lernstoff ein. Frau Liebig hat bereits einige Lektionen hinter sich gebracht und folgendes festgestellt: Die Vermittlungsphase ist eigentlich optimal. Sie bietet gute Voraussetzungen, um gleich in die Kommunikation einzusteigen.

Video und Kassette: gute Hilfsmittel

Die neuen Vokabeln und die notwendigen Regeln werden in realistischen Situationen dargestellt. Sie sieht (auf Video) oder hört (vom Band) meist einen Dialog oder ein Gespräch zwischen handelnden Personen. Das Umfeld ist realistisch dargestellt – komplett im Video, mindestens aber durch Geräusche auf dem Band ergänzt. Weil es sich um nachvollziehbare Situationen handelt, kann sie sich auch gut in die jeweilige Szene hineinversetzen. Das ist gleichzeitig die ideale Einstimmung ins neue Thema.
Nach dem Hören und dem Lesen des Dialoges versuchen die Teilnehmer, den Inhalt in ihrer Muttersprache wiederzugeben. Danach stehen erste Fragen und Antworten sowie kleinere Übungen auf

Im Kurs:
Vermittlung des Stoffes meist optimal

dem Plan. Frau Liebig arbeitet dabei aktiv mit. Sie gibt immer Antworten und geht bei allen Übungen bewußt mit. Wenn sie nicht dran ist, dann natürlich nur mit innerer Stimme.

Wer fragt, gewinnt ...

Möglichst von Anfang an in der Fremdsprache reden

Aber Frau Liebig nutzt von Anfang an auch alle Möglichkeiten zur realen Kommunikation, die sich ihr bieten. Hier hat sie die Chance, Fragen offen und möglichst gleich in der Fremdsprache zu stellen. Auf diese Art und Weise begreift sie den neuen Lernstoff am schnellsten. Begreifen heißt hier zunächst erst einmal: den Sinn verstehen. Festigen wird sie ihn im Verlauf der Phase 2, das heißt vor allem im Selbststudium.

... und spart viel Zeit

Lern-Abschnitte werden praktisch wieder vorgezogen

Genau so sollten Sie auch vorgehen, wenn Sie unter ähnlichen Bedingungen lernen. Falls ein Mitstudent Sie wegen Ihrer Lern-Aktivitäten „Streber" nennt, na und? Sie fangen das Lernen eben sofort an. Er kann sich dann ja zu Hause um so mehr plagen. Stellen Sie aber auch hier die Antworten Ihrer Mitstudenten in Frage. Checken Sie ab, ob Ihre Version auch gestimmt hätte. Sie werden sehen, beim Fremdsprachen-Lernen fällt Ihnen die Methode der inneren Lern-Kommunikation ganz besonders leicht. Wenn Ihr Fremdsprachen-Unterricht so angelegt ist, unterstützt er das kommunikative Lernen optimal.

Natürlich geht es auch allein

Wenn Sie ganz für sich arbeiten, müssen Sie beim Kauf der Materialien ganz besonders darauf achten, daß Ihr Kurs eine derartige Vermittlungs- und Aneignungsphase ermöglicht. Wichtigste Kennzeichen dafür:

- Die Einstiegstexte (möglichst Dialoge) liegen neben einer schriftlichen Version alle auf Kassette vor.
- Der Inhalt dieser Texte kann durch bildliche Darstellungen, kleine Minidialoge oder Frage-Antwort-Beispiele (auch auf Kassette vorhanden) kommunikativ erarbeitet werden.
- Die neuen Vokabeln sind (soweit nicht aus dem Textzusammenhang der Situation oder den Darstellungen etc. erschließbar) erklärt.
- Soweit notwendig, sind erste, einfache Hinweise zu grammatischen Strukturen, die Sie nicht selbst erschließen können, vorhanden.
- Die Erklärungen zu den neuen Vokabeln bzw. den sie verbindenden grammatischen Strukturen sollten nie losgelöst von den aktuellen Lektionsbeispielen gegeben werden. Gute Materialien nutzen hier vergleichende Beispiele. Vielfach finden Sie Hinweise auf schon bekannte Strukturen oder auf Ähnlichkeiten mit der Muttersprache. Kurze Übungen mit einem Lösungsschlüssel unterstützen das Verständnis und tragen zu einer Erstfestigung bei.
- Last but not least sollten Sie auch darauf achten, daß Sie sinnvolle und verständliche Lernhinweise vorfinden.

Wie Sie mit Lernmaterial umgehen sollten

Wenn Ihre Materialien diese Kriterien erfüllen, dürfte Ihr autodidaktischer Einstieg in die Lektion etwa so aussehen wie der von Frau Liebig. Das heißt: Sie sollten den Lektionstext (ggf. mehrfach) vom Band hören und versuchen, ihn im ersten Schritt vom Inhalt her zu erschließen. Das dient auch gleich der Einstimmung in die neue Lektion. Wenn eine deutsche Übersetzung des Textes vorliegt, nehmen Sie Ihre Zusammenfassung auf Kassette auf und checken sie mit der Version im Buch gegen. Bei einfachen Dialogen, die zudem oft bebildert sind, können Sie den Inhalt in der Regel auch ohne deutsche Version erschließen.

Wichtig:
Erst Hauptinhalt erfassen ...

Es kommt hier wirklich nicht darauf an, daß Sie eine Top-Übersetzung abliefern. Im Gegenteil: Wichtig ist, daß Sie den Hauptinhalt erfaßt haben.

Schließen Sie vom Bekannten aufs Unbekannte

Anschließend lesen Sie den Text abschnittsweise laut vor. Hören Sie sich dabei zunächst die fremdsprachige Version an, und lesen Sie dann den entsprechenden Abschnitt. Kennzeichen Sie den neuen Lernstoff. Es macht sich hier also auch bezahlt, wenn Sie sich die Materialien kaufen.

... dann neuen Sprachstoff kennzeichnen und erschließen

> Die Bedeutung der neuen Vokabeln und der sie verbindenden Grammatik erschließen Sie dabei aus dem Zusammenhang. Was das heißt? Ganz einfach: Den Hauptinhalt des Textes haben Sie bereits erfaßt. Jetzt vergleichen Sie praktisch, was mit schon bekanntem und was mit unbekanntem Sprachstoff ausgedrückt wird.

Sollten Ihnen einzelne Wendungen immer noch nicht klar sein, versuchen Sie, die Knackpunkte mit einem Wörterbuch zu erschließen. Es geht aber wirklich nur darum, daß Sie inhaltlich klarkommen. Fangen Sie noch nicht an, – auf welche Weise auch immer – die neuen Vokabeln zu lernen.

Unerläßlich: Ihre Aktivität

Neuen Stoff so früh wie möglich kommunizieren!

Versuchen Sie jetzt, den Text mit einfachen Worten in der Fremdsprache wiederzugeben. Bei längern Texten können Sie das natürlich auch abschnittsweise tun. Wenn Sie dazu die neuen Vokabeln und die neuen grammatischen Strukturen verwenden wollen, schauen Sie in den Text, und arbeiten Sie mit den unterstrichenen Vokabeln. Diese Version nehmen Sie bitte auf Kassette auf. Vergleichen Sie sie mit der Originalversion.

Versuchen Sie nicht, alles zu können!

Es kommt auch hier nicht auf absolute Richtigkeit und Vollständigkeit an. Das könnten Sie gar nicht erreichen. Es geht hierbei auch nicht darum, daß Sie schon die neuen Vokabeln frei verwenden. Die sollen Sie ruhig noch ablesen. Daß Sie dabei schon mal ihre Aussprache üben, ist natürlich beabsichtigt. Bei dieser Übung geht es vielmehr darum, daß Sie trainieren, neue Situationen mit schon bekannten Vokabeln zu meistern. Denn das ist für viele eine ganz entscheidende Hemmschwelle beim Anwenden einer Fremdsprache.

Neues mit Bekanntem ausdrücken

Improvisation ist wichtiger als Perfektion

> Die Leute in Ihrem Umfeld, die eine Fremdsprache gut beherrschen, sind in der Regel Meister im Improvisieren. Sie haben es nämlich gelernt, sich mit ihrem fremdsprachigen Können auf beliebige Situationen einzustellen. Und es kommt noch besser: Sie können auch Unbekanntes aus dem Gesamtzusammenhang zu erschließen. Und sie scheuen sich nicht, etwas zu umschreiben und zur Not auch Hände und Füße zu gebrauchen, wenn sie etwas (noch) nicht können.

Egal, ob Sie an einem Kurs teilnehmen oder allein lernen: Bevor Sie mit der Festigung beginnen, sollten Sie ruhig eine Pause einlegen.

Phase 2: Festigung (FSL)

Wie kann man aus sturem Vokabel-Pauken einen aktiven und effektiven Lernprozeß machen? Kann man bereits in dieser Phase die Sprachfertigkeiten ausprägen? Welche Übungen sind dazu besonders geeignet?

Frau Liebig hat einmal die Woche Englisch. Immer dienstags. Sie hätte also eine ganze Woche Zeit, den neuen Lernstoff anzugehen. Trotzdem läßt sie das nicht erst bis zum Wochenende auf sich beruhen. Für sie steht fest: Wenn sie nicht am Mittwoch beginnt, schlägt das Ebbinghaus-Syndrom zu – das meiste hätte sie dann schon vergessen.

Mit der Festigung am „Tag danach" beginnen

> Gut gestaltete Lernmaterialien bieten den neuen Lernstoff zum Nacharbeiten in einer deutschen und einer fremdsprachigen Version an. Und das als Wortliste im Buch und als gesprochene Version auf Kassette. Die neuen Vokabeln treten dabei nicht isoliert, sondern in kurzen Sätzen oder Wortgruppen auf.

Wie man neuen Stoff „nacharbeitet"

Einstimmung nicht unterschätzen

Für den Einstieg in die Festigungsphase hören Sie sich den Text der jeweiligen Lektion noch einmal komplett vom Band an. Sie stimmen sich damit auf den neuen Stoff ein und werden wieder in die Situation hineinversetzt. Je effektiver Ihre Vermittlungs- und Aneignungsphase war, um so mehr werden Sie vom Text verstehen bzw. in Erinnerung haben. Versuchen Sie, den Text mit Ihren eigenen Worten erneut in der Fremdsprache wiederzugeben.

Nehmen Sie sich jetzt Ihre Wortliste auf Kassette vor (soweit vorhanden), und spielen Sie Sequenz für Sequenz ab. Wenn Sie keine derartige Version haben, verwenden Sie Ihren Lektionstext und spielen ihn Satz für Satz ab. Nach dem Hören einer jeden Sequenz bzw. eines Satzes sprechen Sie diese nach. Hören Sie sich die Sequenz ein zweites Mal an, vergleichen Sie sie mit Ihrer Aussprache, und korrigieren Sie diese gegebenenfalls.

Die richtige Aussprache

> Sie sollten immer versuchen, die Sprecher – so weit es geht – zu imitieren. Richten Sie Ihr Augenmerk dabei vor allem auf den Klang Ihrer sprachlichen Äußerungen, und achten Sie auf die Satzmelodie.

An dieser Stelle ein paar Worte zur Aussprache, die für alle Phasen zutreffen.

Man neigt gerade am Anfang dazu, sich an den geschriebenen Text zu halten. Das führt dann in der Regel zu einer Art „Schrift-Aussprache". Denken Sie bitte immer daran, daß die Schrift nur ein Versuch ist, Laute grafisch wiederzugeben. Bemühen Sie sich also, das Typische am Klang einer Sprache von Anfang an zu trainieren.

Phase 2: Festigung (FSL)

Vokabel-Lernen überflüssig?

Als nächstens schreiben Sie den Satz oder die Wortgruppe auf eine Liste. Dazu verwenden Sie wieder am besten ein
DIN-A4-Blatt quer. Die Liste teilen Sie in drei Spalten auf. Die gerade gehörte fremdsprachige Sequenz kommt in die linke Spalte. Vergleichen Sie Ihre schriftliche Variante mit der in der Lehrbuch-Wortliste oder mit dem Originaltext, und verbessern Sie sie gegebenenfalls.

Lern-Wortlisten: Dreh- und Angelpunkt der Festigung

Wenn Sie jetzt den Satz (die Wortgruppe) vor sich haben, werden Sie auf zwei Situationen stoßen. Entweder Sie verstehen diesen fremdsprachigen Satz, oder Sie verstehen ihn nicht (oder zum Teil nicht). Zunächst zum ersten Fall. Was bedeutet hier „verstehen"? Ganz einfach: Sie wissen (zumindest im groben), was damit gemeint ist.

Manchmal hilft die Muttersprache

In vielen Fällen wird es sich um eine Form handeln, bei der Sie in Ihrer Muttersprache eine gleiche oder ganz ähnliche Struktur vorfinden (siehe untenstehende Beispiele). Das trifft natürlich ganz besonders auf Sprachen zu, die eng miteinander verwandt sind. Handelt es sich um so eine EINS-ZU-EINS- oder WORT-FÜR-WORT-Entsprechung, schreiben Sie die deutsche Version in die mittlere Spalte.

Situation 1:
Wenn die Formen sich gleichen

> Wichtig dabei: Stellen Sie das für sich auch aktiv fest. Ihr Satz für die Lern-Kommunikation könnte sich so anhören: „Okay, hier stimmen beide Formen überein: *Peter is tall* heißt *Peter ist groß*. Das ist ja ganz einfach, das unterscheidet sich überhaupt nicht." Wenn Sie auf eine derartige Übereinstimmung stoßen, kennzeichnen Sie das auch in der Wortliste.

Fremdsprachen-Lernen (FSL)

Peter is tall.	Peter ist groß.	1:1 - Entsprechung
His dog is ugly.	Sein Hund ist häßlich.	1:1 - Entsprechung
I live in Hamburg.	Ich lebe in Hamburg.	1:1 - Entsprechung

Beispiel: Lern-Wortliste mit EINS-ZU-EINS-Entsprechungen

Vernetzen Sie die Informationen!

Durch das fast zeitgleiche Hören, Nachsprechen und Schreiben – eingebunden in die Lern-Kommunikation – ergibt sich in Ihrem Gedächtnis eine sehr enge Verbindung zwischen den sprachlichen Lauten und der Schrift. Es werden also viele parallel funktionierende Netzwerke angelegt, die sich alle mit demselben Problem beschäftigen.

Achtung: Ein Wort – zwei Bedeutungen

Laut-Schrift-Verbindung schaffen

Eines müssen Sie aber auch bei solchen relativ einfachen Formen beachten. *I live in Hamburg* kann nämlich auch *Ich wohne in Hamburg* heißen. Das müssen Sie immer abchecken. Und damit sind wir schon mittendrin im Problem. Denn genau diese Unterschiede zwischen zwei Sprachen machen das Sprachen-Lernen so schwer. Dabei müßte das gar nicht so sein.

Phase 2: Festigung (FSL)

Sprache – ein Code

Dazu ein kleiner Exkurs in die Sprachpsychologie. Wir hatten beim Beschreiben der inneren Lern-Kommunikation schon festgestellt, daß es Sprache an sich gar nicht gibt. Sprache existiert immer in gesprochener oder geschriebener Form, in einer hochsprachigen oder einer umgangssprachigen Version oder in einem Dialekt. Was für unsere Betrachtungen dabei noch wichtiger ist: Sprache existiert natürlich auch in der Vielzahl der National- und Landessprachen.

Ein wenig Sprachpsychologie

> Wenn wir uns Sprache verallgemeinert und aus kommunikativer Sicht vorstellen, dann ist sie ein Code, mit dem wir die uns umgebende Realität beschreiben und miteinander kommunizieren können. Das Problem ist dabei, daß die meisten Menschen mit nur einer Sprache, eben der Muttersprache, aufgewachsen sind. Für sie ist zudem ein Wort in der Regel gleichbedeutend mit dem Gegenstand, den es beschreibt.

So bedeutet für einen Deutschen das Wort *Brille* eben eine 👓. Dieser Gegenstand kann nicht *Buch* heißen. In unserem Empfinden wäre das Wort *Buch* für den Gegenstand 👓 schlicht und ergreifend falsch. Beim Vergleich zwischen zwei unterschiedlichen Sprachen treffen wir oft auf eine ähnliche Situation. Und die wird in einem uralten Dolmetscherwitz ganz treffend beschrieben: Fragt ein Deutscher einen Engländer, was *Wasser* auf Englisch heißt. Die Antwort kommt prompt: *water*. „Hm, sagt der Deutsche. Wasser – water, klingt ja ziemlich ähnlich. Aber recht haben wir Deutschen: Denn es ist doch Wasser."

Wasser heißt Wasser, weil es Wasser ist

> **Fuzzy-Logic kann weiterhelfen**
> Das Gleichsetzen von Gegenstand oder Information mit der sprachlichen Bezeichnung und die schlichte, aber nachhaltige *Richtig-Falsch-Welt* spielt uns beim Erlernen einer Fremdsprache die größten Streiche. Halten Sie sich hier ruhig ein bißchen mehr an Erfahrungen aus der Fuzzy-Logic (unscharfe Logik)! Hier gibt es nicht nur ein *Ja* oder *Nein* bzw. ein *Richtig* oder *Falsch*.

... oder nicht?

Im Verständnis der Fuzzy-Logic spielen Zwischentöne eine große Rolle. Variantenreichtum ist gefragt und Entscheidungsfähigkeit. Oft läuft das auf die Frage hinaus: Ist meine Variante *auch* (noch) richtig? Wenn wir uns also immer vergegenwärtigen, daß kühles Naß eben nicht nur *Wasser*, sondern mindestens auch noch *water* heißen kann, dann sind wir schon ein gutes Stück weiter.

Synonyme kennt jede Sprache

Das ist übrigens gar nichts besonderes. Schließlich gibt es auch in der jeweiligen Muttersprache für ein Wort meist eine Reihe von Synonymen. *Unterschied* kann auch *Diskrepanz* heißen, und wenn mir der Magen knurrt, könnte ich sagen: *Ich habe Hunger* oder *Ich bin hungrig*. Im Extremfall vielleicht auch: *Mann, habe ich einen Knas* oder *Hab ich einen Kohldampf*.

Gegenstand oder Situation wird zum „Aufhänger"

Genau so verhält es sich zwischen zwei Sprachen. Stellen Sie sich einfach immer den jeweiligen Gegenstand, die Person oder die komplette Situation als das vor, was ein Ausländer zur selben Zeit beschreiben soll wie Sie. Damit hätten wir die Lösung eigentlich schon auf den Punkt gebracht. Sie lernen von jetzt an für ein und dieselbe Situation oder ein und denselben Gegenstand parallel immer zwei Versionen. Die muttersprachige (die kennen Sie natürlich schon): *Ich lebe (wohne) in Hamburg.* Und die fremdsprachige: *I live in Hamburg.* Genau so, wie Sie im Deutschen auch gelernt haben zu sagen: *Ich habe Hunger* und *Ich bin hungrig*.

Mehrkanalige Informationsaufnahme	gesehen + gelesen +gehört
Situativ eingebettet	Wort-Situations-Beziehung Wort-Handlungs-Beziehung
Selbständig erarbeitet	gehört + geschrieben + eigene Lern-Kommunikation

Phase 2: Festigung (FSL)   **139**

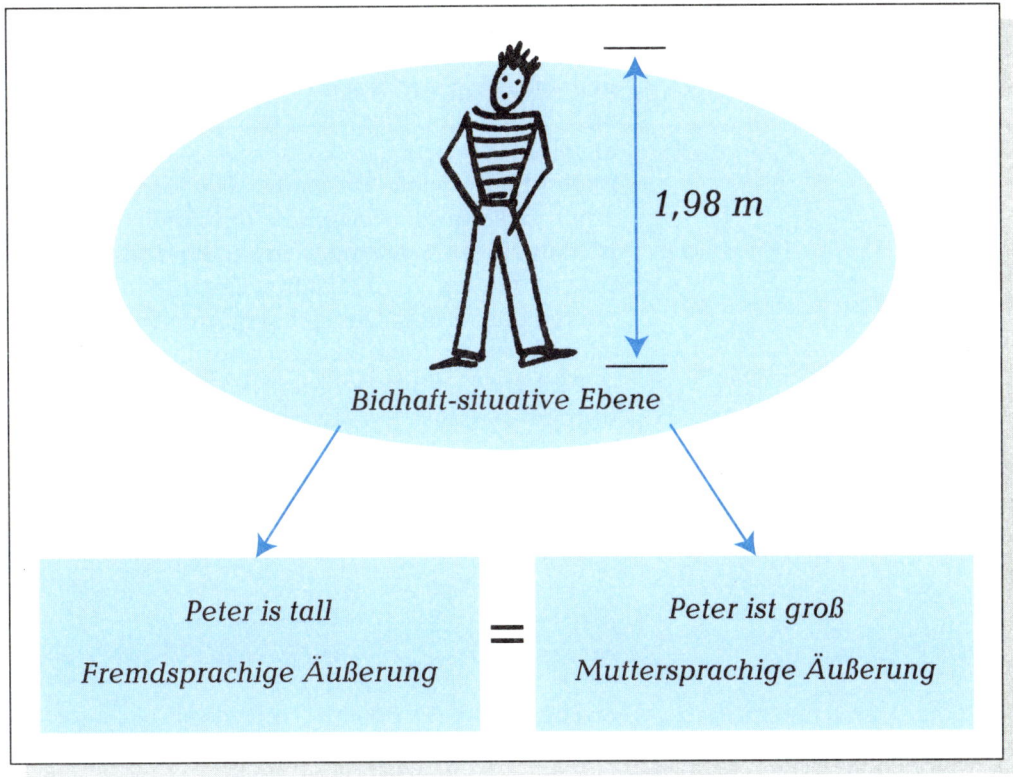

Beziehung zwischen bildhaft-situativer und sprachlicher Ebene

Übrigens: Überprüfen Sie einmal die ganzen „Dringlichkeitsstempel", die Sie den so gelernten Sätzen bis zu diesem Zeitpunkt bereits aufgedrückt haben!

Gegenstand oder Situation wird zum „Aufhänger"

Der Schritt vom Wissen zum Können

Beste Voraussetzungen also, um diese Wendungen in den nächsten Phasen festzumachen und in fremdsprachiges Können umzusetzen, oder? Richtig. Sie müssen solche Formen, die sich gleichen oder ähneln, nur noch so weit festigen, daß Sie damit auch variabel umgehen können. Das heißt, Sie dynamisieren diese zunächst noch relativ ste-

Wendungen dynamisieren!

reotypen Wendungen. Und das können Sie, indem Sie zu jeder Sequenz Frage-Antwort-Übungen bilden und die Wortgruppen oder Sätze umstellen. Sie beginnen damit, diese Sequenzen zu „verkommunizieren".

Bilden Sie so viele Beispiele, wie Sie es mit dem schon bekannten Wortschatz tun können. Wichtig ist dabei, daß Sie immer in einem vollständigen Satz antworten. Schließlich wollen Sie ja die komplette Form lernen. Das sieht am Anfang noch recht einfach aus. Je komplizierter aber Ihre Sequenzen in der Lern-Wortliste werden, um so umfangreicher werden auch Ihre Fragen und die Antworten.

Peter is tall.	*Who ist tall?*	*Peter is tall.*
	What is Peter?	*Peter is tall.*
	Is Harry tall too?	*Yes, Harry is tall too.*
I play tennis every day.	*I play tennis every saturday*	*I play tennis every sunday.*

Bleiben Sie auf sicherem Boden!

Wenn Sie nicht sicher sind, ob die von Ihnen gebildete sprachliche Form stimmt, arbeiten Sie damit nicht weiter. Schreiben Sie sie auf ein Extrablatt, und klären Sie sie mit Ihrem Seminarleiter ab. Arbeiten Sie allein, heben Sie diese Zweifelsfälle auf. In der Regel werden Sie, wenn Sie einige weitere Lektionen absolviert haben, sprachlich so sicher sein, daß Sie die Richtigkeit dieser Beispiele selbst beurteilen können.

Allein oder mit dem Partner lernen?

Wahrscheinlich werden Sie jetzt fragen, ob es nicht sinnvoll ist, so etwas zu zweit zu machen. Natürlich ist es das. Wenn Sie für diesen Part einen Mitstreiter aus Ihrem Kurs finden oder ein Familienmitglied "überreden" könnten, wäre das sehr vorteilhaft. Aber es funktioniert auch allein. Zugegeben, nicht ganz so gut, dafür brauchen Sie aber auch auf niemanden Rücksicht zu nehmen. Falls Sie also Alleinkämpfer sind – die meisten werden das in dieser Phase wohl sein – nehmen Sie Ihre Fragen und Antworten auf Kassette auf, und vergleichen Sie diese mit dem Ausgangsmaterial. Gute Lernmaterialien unterstützen diese Phase in der Regel und bieten entsprechende Einsetzübungen oder Fragenkomplexe an.

Technik „ersetzt" den Partner

Regeln lernen – kein Problem ...

Okay, was ist aber nun mit den grammatischen Regeln? Ganz einfach: Bei solchen EINS-ZU-EINS-Entsprechungen ist es überhaupt kein Problem, die Regeln zu verstehen. Sie gleichen sich ja in beiden Sprachen. Und das haben Sie durch die Lern-Kommmunikation festgestellt und in der Lern-Wortliste auch festgeschrieben. Weiterhin haben Sie durch das Dynamisieren dieser Wendungen nicht nur die neuen Vokabeln, sondern auch die sie verbindende Grammatik gelernt. Solche Fälle werden Ihnen wahrscheinlich nicht allzu viele Probleme bereiten.

Durch Dynamisieren Grammatik praktisch mitgelernt

... solange sich die Strukturen gleichen

Denken Sie jetzt nicht, daß Sie diese Übereinstimmungen gar nicht extra zu kennzeichnen brauchen. Das wäre ein verhängnisvoller Irrtum.

> Es ist nämlich nur ein Zufall, daß sich diese Formen in Ihren Sprachen gleichen oder ähneln. Für Sie bedeutet der Satz: Snow is white – Schnee ist weiß. Diese Gleichheit oder Ähnlichkeit tritt beim Vergleich Englisch-Deutsch auf.

Für einen Eskimo wäre der englische wie der deutsche Satz alles andere als logisch.

Erstens verfügt er mindestens über ein Dutzend Wörter, um das auszudrücken, was für uns Mitteleuropäer *Schnee* ist, und zweitens könnte er mit dieser banalen Aussage kaum etwas anfangen. Für ihn bedeutet *Schnee* nämlich viel mehr. *Schnee* ist für ihn seine ganze Umwelt. *Schnee* bedeutet Leben oder Tod. *Schnee* ist Baumaterial und Trinkwasser. *Schnee* sind seine Straßen und Hindernisse auf seinem Weg zugleich. Das alles nur mit einem Wort auszudrücken, käme ihm gar nicht in den Sinn.

Nur für MItteleuropäer ist Schnee immer Schnee

Leider sind die Strukturen nicht immer gleich

Gut, halten wir noch einmal fest: Man kann Grammatik quasi nebenbei lernen. Zumindest trifft das auf solche Formen zu, die wirklich EINS-ZU-EINS (oder zumindest fast) in der Muttersprache und in der Fremdsprache vorliegen. Aber was ist mit dem ganzen Rest? Was ist mit den Formen, die sich nicht ähneln? Mit solchen, die man nicht einmal von ihrer Bedeutung her sofort erfassen kann?

Situation 2: Wenn die Formen sich nicht gleichen

Zunächst einmal zurück zu Ihrer Wortliste. Sie haben sich jetzt vielleicht gerade folgenden Satz vorgespielt und auch nach dem Lautbild richtig geschrieben. Das konnten Sie durch Vergleich mit dem englischen Original feststellen:
The best way to learn a foreign language is talking with the inhabitants of the foreign country.
Die einzelnen Wörter sind Ihnen, sagen wir: bis auf *foreign* und *inhabitants*, alle bekannt. Und die finden Sie im Wörterbuch. So richtig kommen Sie mit dem Satz aber immer noch nicht klar.

Alte Übersetzertricks ...

Jetzt greifen Sie auf einen alten Übersetzertrick – die *Wort-für-Wort-Übersetzung* – zurück. Schreiben Sie die deutschen Entsprechungen aller englischen Wörter in der vorgegeben Reihenfolge auf. Diese Version kommt in die Marginalspalte.

Phase 2: Festigung (FSL)   **143**

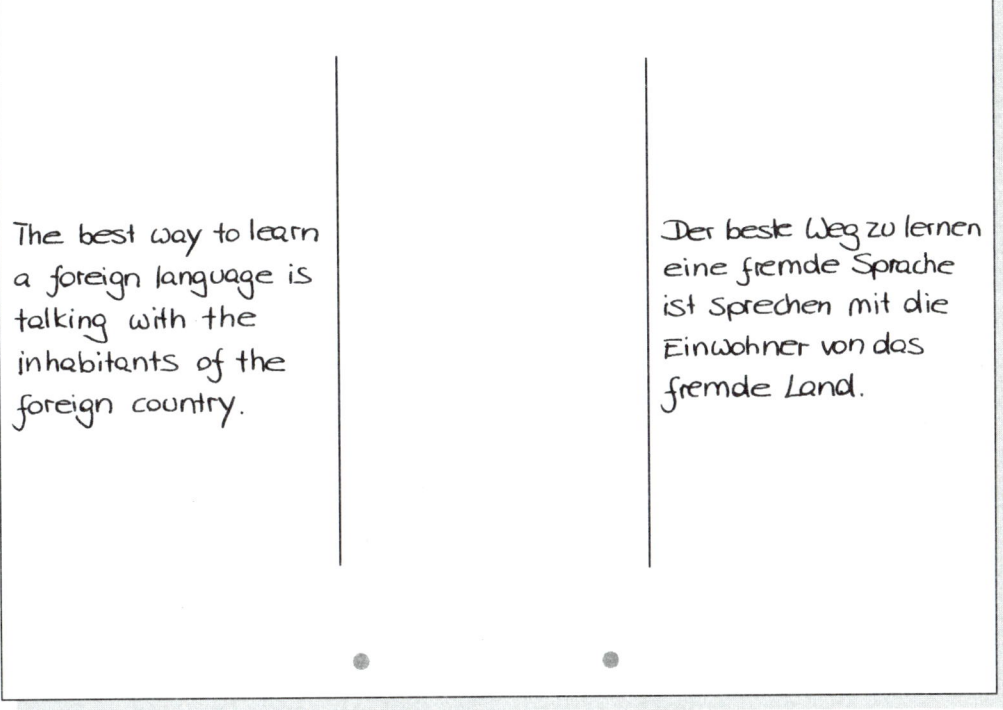

Beispiel: Lern-Wortliste mit Wort-für-Wort-Übersetzung

... und das Hineindenken in die Situation

Grob inhaltlich dürfte jetzt alles klar sein. Um aber eine wirklich gute deutsche Version aus diesem Kauderwelsch zu bilden, denken Sie sich jetzt noch einmal in die Situation hinein. Sie müssen Ihr ganzes Denken jetzt wirklich von der sprachlichen Ebene auf die „übersprachliche", bildhaft-situative Ebene hinaufheben. Jetzt sind Sie nur noch bei der Situation an sich bzw. der Vorstellung davon. Stellen Sie sich jetzt vor, Sie müßten diesen Satz auf deutsch sagen. In aller Regel wird Ihnen das jetzt nicht mehr schwerfallen. Herauskommen könnte folgende muttersprachige Variante, die Sie in die Mittelspalte schreiben:

Kauderwelsch in gutes „Deutsch" übersetzen

| The best way to learn a foreign language is talking with the inhabitants of the foreign country. | Der beste Weg, eine Fremdsprache zu lernen, besteht darin, mit den Einwohnern dieses fremden Landes zu sprechen. | Der beste Weg zu lernen eine fremde Sprache ist Sprechen mit die Einwohner von das fremde Land. |

Lern-Wortliste mit muttersprachiger Entsprechung

Es gibt immer mehrere Möglichkeiten, um dasselbe auszudrücken

Versuchen Sie möglichst immer, eine weitere Version zu bilden oder die ursprüngliche Variante zu vereinfachen. Einmal „klebt" man trotz aller Vorstellungen von der jeweiligen Situation oftmals doch noch zu sehr am Original. Zum anderen machen Sie sich so von Anfang an die Vielfalt der Ausdrucksmöglichkeiten für ein und dieselbe Situation bewußt.

Lern-Muster mit eigenen Worten erarbeiten

In unserem Beispiel kommen Sie jetzt vielleicht auf folgende weitere Version, die Sie sich zusätzlich notieren: *Eine Fremdsprache lernt man am besten, wenn man mit den Einheimischen spricht.*

Wort-für-Wort-Übersetzung und was dahinter steckt

Hinweis: Die *Wort-für-Wort-Übersetzung* ist ein Zwischenschritt zur Erschließung einer oder mehrerer muttersprachiger Sequenzen. Sie haben jetzt wieder in beiden Sprachen Wortgruppen oder Sätze vor sich liegen, die zur Beschreibung der betreffenden Situation als gleich richtig anzusehen sind. Das Aneignen und vor allem das Festigen des Wortschatzes und der grammatischen Strukturen geschieht über die Lern-Kommunikation und das Dynamisieren der Wendungen. Das Arbeiten mit der *Wort-für-Wort-Übersetzung* unterscheidet sich damit vom Arbeiten mit dekodierten Texten, wie es Birkenbihl vorschlägt (Birkenbihl, 1992).

Ein wichtiger Zwischenschritt – nicht mehr und nicht weniger

Frage: Was ist gleich, was unterschiedlich?

Als nächstes untersuchen Sie also die parallel als richtig erkannten Formen auf Gemeinsamkeiten und Unterschiede und steigen mit der Lern-Kommunikation ein. Natürlich wird die bei jedem anders aussehen. Das hängt von vielen Faktoren ab, u.a. von den Vorkenntnissen, dem grammatischen Grundwissen, aber auch von den aktuellen sprachlichen Strukturen selbst. Deshalb hier nur eine der möglichen Varianten:

Gemeinsamkeiten und Unterschiede erarbeiten

foreign language und *Fremdsprache*
Sie sagen sich: „Das ist so ziemlich ähnlich. Der Engländer nimmt zwei Wörter, der Deutsche setzt die beiden eben zusammen."
Dann formulieren Sie: „Betrachten wir mal die ganze Wortgruppe!"
the best way to learn a foreign language
der beste Weg, eine Fremdsprache zu lernen
am besten lernt man eine Fremdsprache

Als „Ergebnis" könnten Sie formulieren: „Hier gibt es ganz offensichtlich mehrere Möglichkeiten: Entweder ähneln sie sich *the best way / der beste Weg* oder sie unterscheiden sich *the best way / am besten.* Die Aussage bleibt immer dieselbe."

Wenn Sie weiterarbeiten, stoßen Sie sicher auf folgende Erkenntnis: Noch interessanter ist dieser Fall:
inhabitants of the foreign country
Einwohner dieses fremden Landes = Einheimische
Ihr Sprechtext könnte lauten: „Hier kann ich im Deutschen mit einem Wort dasselbe wiedergeben wie mit einer ganzen Wortgruppe."

Wichtig: Durch „Lautes Nachdenken"...

Grammatische Strukturen werden auf zugänglicher Verständnisebene erfaßt ...

Das machen Sie mit allen grammatischen Formen, die Sie in einem Satz finden. Wichtig dabei: Sie sollten sich immer durch „lautes Nachdenken" damit auseinandersetzen. Durch diese Form der Lern-Kommunikation erfassen Sie die grammatischen Strukturen auf einer Ihnen zugänglichen Verständnisebene. Das Linguisten-Kauderwelsch lassen Sie außen vor. Außerdem schaffen Sie jetzt schon gute Voraussetzungen, um Ihr sprachliches Können später flexibel einsetzen zu können, weil Sie von Anfang an immer davon ausgehen, daß es meist mehr als nur eine richtige Form gibt.

... und durch Dynamisieren gefestigt

... prägen sich Vokabeln und Grammatik ein

Durch das schon bekannte Dynamisieren machen Sie anschließend neben den neuen Vokabeln auch wieder Grammatik in Ihrem Kopf fest, die diese Vokabeln verbindet. Weil Sie auch hier von der Situation ausgegangen sind und sowohl die englische als auch die deutsche Version als gleich richtig akzeptiert haben, baut sich eine feste Verbindung in Ihrem Gedächtnis auf. Sie werden feststellen, daß Sie damit auch bei einer Reihe unterschiedlicher Formen die grammatischen Regeln quasi nebenher lernen.

Phase 2: Festigung (FSL)

Lernen von Regeln kann sinnvoll sein

Bei bestimmten grammatischen Formen macht es als Erwachsener aber durchaus Sinn, zusätzlich zum eben beschriebenen Schritt auch die entsprechende grammatische Regel zu lernen. Das trifft auf Erscheinungen zu, bei denen Sie Schwierigkeiten haben, die Sie aber dennoch häufig verwenden. Das könnten z.B. folgende sein:
„Wie leitet man im Englischen eine Frage ein?"
Dazu wählen Sie sich als erstes entsprechende Beispielformen aus. Die einzelnen Sequenzen erschließen Sie wieder mit der *Wort-für-Wort-Methode*, z.B.:

Do you have a new bicycle?	Hast Du ein neues Fahrrad?	Tust Du haben ein neues Fahrrad?
Does Mister Miller have a new car?	Hat Herr Miller ein neues Auto?	Tut Herr Miller haben ein neues Auto?
Do you speak English?	Sprichst Du Englisch?	Tust Du sprechen Englisch
Do they speak Spanish?	Sprechen sie Spanisch?	Tun sie sprechen Spanisch

Übungsbeispiele zum Erarbeiten grammatischer Lern-Muster

*Lern-Muster
mit eigenen Worten erarbeiten*

Erwachsene lernen anders als Kinder

Hier könnten Sie natürlich auch wieder jede Form einzeln lernen. Das wäre für Sie als Erwachsener aber nun wirklich nicht effektiv. Sie sind – anders als Kinder, die eine Fremdsprache erlernen – in der Lage, von systemhaften Kenntnissen auf einzelne Anwendungen zu schließen. Zudem gibt es eine ganze Reihe echter Grammatik-Freaks, die geradezu nach grammatischen Regeln lechzen. Was hindert Sie also, sich in solchen Fällen eine eigene Definition mit Musterbeispielen, Tabellen etc. zu erarbeiten?

Erarbeiten Sie sich Ihre persönliche Grammatik

Durch das Aufstellen solcher Lern-Muster können Sie sich auch komplizierte Grammatik-Probleme erschließen. Wenn Sie gleichzeitig darauf achten, nicht in das Linguisten-Kauderwelsch zu verfallen und eigene Worte verwenden, werden Sie feststellen, daß Sie die durchgearbeiteten Probleme schnell begreifen.

Für oben beschriebenes Beispiel könnte sich so folgende Grammatik-Darstellung ergeben, die Sie auf die Rückseite Ihrer Lern-Wortliste notieren und durch Lern-Kommunikation kommentieren.
„Achtung: Im Englischen fragt man jemanden, ob er etwas hat, ob er eine Fremdsprache spricht usw., immer mit der Umschreibung:
     do you / does he + have, speak ...
     tust du / tut er + haben, sprechen ...
    Nur das Hilfsverb *do / tun* wird – abhängig von der Person – verändert (konjugiert). Das Vollverb *have / haben, speak / sprechen* bleibt unverändert (Infinitiv)."

Und weiter im Text: „Ich muß mich im Englischen daran gewöhnen, Fragesätze immer mit dem Wörtchen *tun* (*do*) einzuleiten. Dazu sollte ich das entsprechende Grammatikmuster lernen:"

Phase 2: Festigung (FSL)

Einzahl (Singular)
1. Person   I   *do*
2. Person   You   *do*
3. Person   He, she, it   *does*

Mehrzahl (Plural)
1. Person   We   *do*
2. Person   You   *do*
3. Person   They   *do*

Der Text für die Lernkommunikation könnte lauten: „Eigentlich ist das ganz einfach, nur in der dritten Person gibt es bei diesem Hilfsverb eine andere Form."

Aber Achtung: Das Dynamisieren nicht vergessen

Wie schon gesagt: Das Erarbeiten solcher grammatischen Regeln ist stark von den Vorkenntnissen des Lerners und dem aktuellen Sprachstoff abhängig. So ist das obige Lern-Muster zunächst einmal nur zur Beschreibung von Situationen geeignet, die in der Gegenwart (Präsens) ablaufen. Aber es läßt sich später leicht ergänzen.
Wenn Sie beim Erarbeiten solcher Lern-Muster nicht die anderen Prinzipien – insbesondere das Dynamisieren – vernachlässigen, ist dagegen nichts einzuwenden. Wenn Sie aber beginnen, Definitionen aus Büchern abzuschreiben und versuchen, diese zu lernen, dann sind Sie wieder beim Schul-Lernen. Setzen Sie diese Mittel so moderat wie möglich ein.

Grammatische Regeln nicht aus Büchern abschreiben

Suggestopädisches Vokabellernen macht dann Sinn ...

Hinweis: Eine Reihe von Lernmaterialien bietet Wortlisten auf Kassetten an, die Sie mit suggestopädischer Unterstützung lernen können. Nachdem man einen bestimmten Entspannungszustand, in der Regel durch Musik unterstützt, erreicht hat, geht man zum Einprägen des Lernstoffes über. Die Sequenzen werden in einem wechselnden Klangbild, gleichfalls mit Musikuntermalung, angeboten.

... wenn der Lernstoff weiter gefestigt wird

Wenn Sie derartige Materialien verwenden, sollten Sie die suggestopädischen Übungen als *zusätzliches Mittel* zur Steigerung Ihrer Lernfähigkeit betrachten. Solche Übungen können bei seriösem Einsatz die Merk-Leistung von „Vokabelmaterial" durchaus erhöhen. Sie sollten sie dann vor dem Erarbeiten Ihrer Lern-Wortlisten einsetzen.

> Dazu eignet sich am besten der Abend nach der Einführung der neuen Lektion. Am Abend wird es Ihnen wesentlich besser gelingen, den notwendigen Entspannungszustand herzustellen. Außerdem werden die so gehörten (nach suggestopädischer Vorstellung eingespeicherten) Sequenzen nicht durch neue Informationen beeinflußt oder „überschrieben".
> Wenn Sie sich am nächsten Tag in der beschriebenen Art und Weise erneut auf die Lektion einstimmen, werden Sie feststellen, daß Ihnen viele Sequenzen „bekannt" vorkommen. Überschätzen sollten Sie dieses Phänomen aber nicht. Verzichten Sie nämlich auf die nachfolgenden Schritte (Arbeiten mit der Lern-Wortliste usw.), werden Sie den Lernstoff nicht nachhaltig festigen. Mehr noch, Sie kommen ohne kommunikativ orientierte Übungen nicht zu anwendbarem Können.

Ausruhen nicht vergessen!

Wie auch immer Sie Ihre Wortliste erarbeitet haben: Sie sollten jetzt einen Tag Pause machen. Sie können davon ausgehen, daß Sie den neuen Lernstoff – die Vokabeln und die sie verbindende Grammatik – erfaßt und zum Teil schon gefestigt haben.

Die Aussprache trainieren ...

Den nächsten Schritt (möglichst am Tag danach) beginnen Sie mit einer erneuten Einstimmung auf das Thema. Hören Sie sich dazu den Text von der Kassette an, und lesen Sie ihn anschließend laut. Wenn Sie in Zukunft viel in der Fremdsprache sprechen müssen, sollten Sie jetzt verstärkt auf die Ausprägung Ihrer Aussprache achten. Vergleichen Sie dabei Ihren gelesenen Text mit der Kassetten-Version. Das können Sie ganz gut, wenn Sie Ihre Version auf Kassette aufnehmen und anschließend satz- oder abschnittsweise mit dem Original vergleichen und gegebenenfalls verbessern. Am besten funktioniert das, wenn man ein Kassettendeck mit zwei Laufwerken hat. Aber ein einfaches tut es auch. Sie müssen die Kassetten dann eben immer wechseln.

Texte nachsprechen, Aussprache kontrollieren und verbessern

... und den Lernstoff weiter festigen

Als nächstes übersetzen Sie den Originaltext laut „vom Blatt". Eine Kassettenaufnahme dient Ihnen auch hier zur Kontrolle. Nehmen Sie in Zweifelsfällen Ihre Lern-Wortlisten zu Hilfe. Die so entstandene Übersetzung sollten Sie mit der vom Vortag vergleichen. Einmal werden Sie hier Ihre Lern-Fortschritte überprüfen können, und zum anderen können Sie rückwirkend feststellen, was Sie am ersten Tag bereits verstanden haben.

Lernfortschritt überprüfen

> Diese Art von Übersetzung ist besonders gut für Lerner geeignet, die die Fremdsprache eher passiv beherrschen wollen. Also z.B. dann, wenn Sie Fachartikel und fremdsprachige Literatur auswerten müssen. Um diese Fähigkeit weiter auszuprägen, können Sie als Zusatzschritt eine schriftliche Übersetzung anfertigen. Vergleichen Sie diese mit einer möglicherweise im Lernmaterial angebotenen Übersetzung oder aber mit Ihren deutschen Versionen in der Lern-Wortliste.

Das richtige Übungsmaterial für Sie

Zur Festigung einzelner sprachlicher Komponenten gibt es in der Regel eine Reihe von Einsetz-, Austausch- und Ergänzungsübungen mit einem

Lösungsschlüssel. Arbeiten Sie damit je nach Bedarf und Zeit.
Die folgenden Schritte hängen vom verwendeten Material ab.

> In guten Büchern werden Sie Übungen finden, bei denen Sie das neue Material in Minidialogen anwenden können. Falls Sie solche Übungen vorfinden, nutzen Sie sie!

Erst einzelne Komponenten, dann größere Zusammenhänge festigen!

Gibt es so etwas nicht, versuchen Sie – nach erneutem lauten Lesen – den Lektionstext in der Fremdsprache wiederzugeben. Sie beginnen damit, den Lernstoff in aktives fremdsprachiges Können umzusetzen. Wenn Sie in Ihrem Lehrmaterial eine deutsche Version des Lektionstextes (oder anderer Texte) vorliegen haben, können Sie diese auch wieder vom Blatt übersetzen. Diesmal in die Fremdsprache.

> In dieser Phase macht es sich natürlich wieder bezahlt, wenn Sie mit einem Mitstreiter arbeiten können. Wenn Sie von Anfang an wissen, daß Sie allein zu Hause arbeiten werden, achten Sie beim Kauf der Materialien ganz besonders darauf, daß diese Übungen auf Autodidakten zugeschnitten sind.

Dazu sollten auch diese Kommunikations-Übungen als Kassettenversion vorliegen. Insgesamt gilt: Je besser es Ihnen gelingt, in dieser Phase in die Kommunikation einzusteigen, um so leichter werden Ihnen die nächsten Schritte fallen.

Bis hierher, wenn der Stoff „nur passiv" beherrscht werden soll

Wenn Sie an diesem Punkt angelangt sind, werden Sie den gelernten Sprachstoff in passiven Situationen (also z.B. beim Lesen oder beim Zuhören) zum großen Teil wiedererkennen. Wirkliches sprachliches Können prägt sich aber erst in der Anwendungsphase aus.

Phase 3: Anwendung (FSL)

Muß man alle Sprachfertigkeiten gleichermaßen ausprägen? Welche Reserven liegen in einer differenzierten Herangegehensweise auf diesem Gebiet? Welche Methoden gibt es, insbesondere das Sprechen auszuprägen, auch wenn man allein lernt?

> Die Anwendungsphase ist dem konsequenten Ausprägen sprachpraktischen Könnens gewidmet. Das sind vor allem die vier sprachlichen Grundfertigkeiten: Lesen, Hören, Sprechen und Schreiben. In bestimmter Hinsicht gehören auch das Übersetzen und das Dolmetschen dazu.

Sie bringen schon vieles mit ...

Wenn Sie sich die bisherigen Schritte einmal genau anschauen, werden Sie feststellen, daß Sie in sehr kompakter Form bereits alle Fertigkeiten trainiert haben. Auch hier zeigt sich ganz klar der Vorteil des kommunikativ orientierten Framdsprachen-Lernens. Kommunikation ist nicht nur Zielstellung, sie dient gleichzeitig dem Aneignen und Festigen des neuen Lernstoffes. Dennoch werden Sie bemerken, daß Sie an diesem Punkt eben noch nicht richtig sprechen oder einen Artikel in der Fremsprache schreiben können. Das müssen Sie noch trainieren.

Fertigkeiten schon im Vorfeld trainiert

... um zu lernen, was Sie wirklich brauchen

Übrigens können Sie jetzt ganz klare Schwerpunkte bei der Ausprägung der einzelnen Fertigkeiten setzen, je nachdem, was Sie später häufiger brauchen. Für Frau Liebig bedeutet das: Sie wird wahrscheinlich einmal das Hören ganz stark betonen. Sie möchte doch wie ihre Freundin einmal *Vom Winde verweht* im Original sehen. Die anderen Fertigkeiten – Sprechen, Lesen und Schreiben – wird sie so weit entwickeln müssen, daß sie ihren

Sprachfertigkeiten nach Bedarf ausprägen!

Kids helfen kann. Vielleicht lernt sie ja auch parallel mit ihnen mit.

> Unter den Tisch fallen sollte aber keine der Fertigkeiten. Genauso wie ein Eiskunstläufer nicht nur Figuren auf dem Eis trainieren kann, können Sie sich nicht nur mit Schreiben begnügen, wenn Sie auf das Verfassen von Fachartikeln aus sind. Alle Sprachtätigkeiten stehen in einem sehr engen Zusammenhang.

Lesen

Gute Lernmaterialien bieten zusätzlich zu den Lektions- und Übungstexten auch reine Lesetexte an. Das sind meist adaptierte Texte. D.h. sie entsprechen dem aktuellen Kenntnisstand der Lerner. Zusätzlich enthalten sie meist eine bestimmte Menge neuer Vokabeln, die Sie über dieses Lesetraining situativ erschließen und auch lernen können.

Lesen Sie, was Sie leicht verstehen können

> Sie sollten aber möglichst schnell dazu übergehen, Texte im Original zu lesen. Das können Sie bereits zu einem relativ frühen Zeitpunkt tun. Der Trick dabei: Sie müssen mit relativ stark standardisierten Texten beginnen.

Mit standardisierten Originaltexten beginnen!

Dazu eignen sich z.B. Wetterberichte. Erstens können Sie sehr viel über die Zahlen erschließen, zweitens sind sie sehr kurz, und drittens sind sie wohl in den meisten Sprachen ziemlich ähnlich geschrieben. Die letzten beiden Kriterien treffen z.B. auch für Horoskope zu. Mit dem Lesen solcher „Standards" verschaffen Sie sich am Anfang schnell Erfolgserlebnisse.

Oder interessieren Sie sich für Sport? Dann lesen Sie kurze internationale Sportnachrichten. Auch die sind ziemlich standardisiert und lassen sich schnell erschließen. Ähnliches trifft für außenpolitische Kurznachrichten zu. Hier finden Sie sehr viele Namen, die Ihnen bekannt vorkommen. Wenn Sie dazu noch am selben Tag die Nachrichten im Radio gehört oder im Fernsehen gesehen haben, dürften Ihre Schwierigkeiten nicht allzu groß werden.

Das macht Ihnen mehr Spaß ...

Wie gesagt, diese standardisierten Texte erleichtern das Erschließen unbekannten Sprachmaterials enorm, und Sie verlieren nicht so schnell die Motivation, weil sich Erfolgserlebnisse bald einstellen.

> Also, wenn Sie es wirklich ernst meinen mit dem Fremdsprachen-Lernen, sollten Sie sich eine fremdsprachige Tageszeitung abonnieren oder regelmäßig aus der Bibliothek holen.

... und Sie haben bald Erfolg

Wie sollen Sie jetzt lesen? Zu Beginn sollten Sie versuchen, durch stilles Lesen die Hauptzusammenhänge des Textes zu erfassen. Lautes Lesen scheint nicht so angebracht zu sein. Sie würden sich dabei viel zu sehr auf Ihre Aussprache konzentrieren. Und hier geht es zunächst wirklich nur darum, den Hauptinhalt zu erfassen. Das wird Ihnen bei standardisierten Kurztexten (Wetterbericht, Sportnachrichten etc.) schnell gelingen. Wenn Sie einen Text so erschlossen haben, geben Sie ihn auf deutsch wieder. Bei längeren machen Sie sich dazu Stichpunkte. Im zweiten Durchlauf lesen sie ihn dann Satz für Satz durch und versuchen, den Inhalt vollständig wiederzugeben.

Hier stilles Lesen, weil Zusammenhänge so besser erfaßt werden

Worauf es beim Lesen ankommt und worauf nicht

> Es kommt hier nicht so sehr darauf an, daß Sie alle Vokabeln und grammatischen Formen erschließen. Im Gegenteil: Sie sollen hiermit sogar trainieren, den Inhalt eines Textes aus der Situation und einer bestimmten Menge bekannten Wortmaterials zu erschließen. Benutzen Sie also nur Wörterbücher, wenn Sie überhaupt nicht weiterkommen.

Lern-Wortlisten um interessante Wendungen ergänzen

Wenn Sie bestimmte Wendungen für besonders interessant halten und gern schnell lernen wollen, fügen Sie diese der nächsten Lern-Wortliste hinzu. Sie verfahren damit dann nach bekanntem Muster. Gehen Sie hier aber nicht mit übertriebenem Ehrgeiz heran. Durch das häufige Lesen und Auswerten solcher standardisierten Texte lernen Sie den dafür typischen Wortschatz automatisch mit.

Lese-Übungen für Fortgeschrittene

Bildhaft Geschriebenes unterstützt Verstehen enorm

Für die nächste Schwierigkeitsstufe sollten Sie sich Krimis oder populärwissenschaftliche Bücher vornehmen. Ganz nach Ihrem Gusto. Krimis (nehmen Sie hier am Anfang ruhig Groschenromane) zeichnen sich meist durch spannende Situationsbeschreibungen und durch kurze, schnelle Dialoge aus. Das unterstützt das Erschließen enorm. Populärwissenschaftliche Bücher – es können am Anfang auch Bücher für Kinder sein – enthalten viele Fotos und sind meist reich illustriert. Einen Wort-Situations-Zusammenhang herzustellen fällt damit ziemlich leicht.

Manchmal hilft ein Blick in die „deutsche Version"

Wenn Sie sich an umfangreichere Sachen heranwagen, hat es sich bewährt, zuvor die deutsche Variante im Schnelldurchlauf zu überfliegen. Sie haben damit von Anfang an eine Vorstellung von der Gesamtsituation und dem Handlungsablauf. Es fällt Ihnen damit viel leichter, den Text zu erschließen, die Motivation läßt damit nicht so schnell nach. Bei vielen Krimis geht das, weil sie in viele Sprachen übersetzt worden sind. Wenn Sie sich für Politik und internationale Wirtschaft interessieren, können Sie natürlich auch umfangreichere Artikel aus der Tagespresse verwenden. Zuvor werden Sie sich in der eigenen Tagespresse über die Darstellung der jeweiligen Ereignisse informieren.

Auch Übersetzungen können helfen

> Wie Sie es auch angehen. Eines bleibt immer richtig: Lesen bildet.

Hören

Diese Fertigkeit wir oft unterschätzt, weil sie im Prinzip beim Lernen einer Sprache, aber auch beim Sprechen irgendwie nur nebenherzulaufen scheint. Und für andere Tätigkeiten – Schreiben, Lesen – scheint man sie gar nicht zu gebrauchen. Daß das ein verhängnisvoller Irrtum sein kann, werden Sie bemerken, wenn Sie einen Einheimischen korrekt nach dem Weg zur nächsten U-Bahn Station gefragt haben. Der sich dann über Sie ergießende Redeschwall stellt Sie oft vor noch mehr Fragen, als Sie vorher schon hatten. Das um so mehr, wenn der nette Fremde Dialekt und den vielleicht auch noch sehr schnell spricht.

Ganz abgesehen von solchen alltäglichen Problemen, ist das Hören ja auch mit anderen sprachlichen Aktivitäten verbunden. Selbst wenn Sie einen Text lesen, hören Sie ihn auch auf gewisse Weise. Ähnliches trifft beim Sprechen zu, denn auch beim Sprechen oder Kommunizieren mit innerer Stimme hören wir das Gesprochene mit unseren „inneren Ohren".

„Verstehendes Hören" – wichtiger, als man glaubt

Wie finden Sie Material?

Ähnlich wie beim Lesen werden Sie in guten Lernmaterialien auch wieder extra Hörübungen vorfinden. Sollte das nicht der Fall sein, könnten Sie auch Texte der folgenden Lektion als Übung für das Hören nutzen. Ansonsten eignen sich für den Anfang auch wieder alle stark standardisierten Texte: der Wetterbericht ebenso wie die Sport- und die Tagesnachrichten.

Wenn Sie nicht gerade eine sehr exotische Sprache lernen, können Sie heute über Satelliten- oder Kabel-TV bzw. Radio viele Sprachen empfangen. Diese Sendungen nehmen Sie auf Video- oder Ton-Kassette auf.

Wie sollten Sie vorgehen?

Inhalt erfassen ...

Hören Sie sich den Bericht zunächst nur einmal an, und versuchen Sie, den Inhalt so weit wie möglich in Ihrer Muttersprache wiederzugeben. Am Anfang fällt das schwer. Wenn Sie gar nichts verstanden haben, hören Sie sich eben Satz für Satz noch einmal an.

Gegebenenfalls verwenden Sie Wörterbücher. Aber auch nur dann, wenn Sie wirklich nicht weiterkommen. Sie sollen auch hier – wie beim Lesen-Lernen – den Gesamtinhalt aus der Situation und einer begrenzten Menge an bekannten Wörtern erschließen. Bei Video-Aufzeichnungen hilft Ihnen dabei auch das Bild. Die meisten Hörsituationen verlaufen im Alltag ja auch mit Blickkontakt zum Geschehen.

... dann ähnlich wie mit Lesetexten weiterarbeiten

Wenn Sie den Inhalt grob erfaßt haben, gehen Sie den Text Satz für Satz oder Abschnitt für Abschnitt durch und geben diese auf deutsch wieder. Wendungen, die für Sie sehr wichtig sind, übernehmen Sie wieder in eine Lern-Wortliste. Aber erst, wenn Sie die Schreibweise im Wörterbuch abgecheckt haben.

Bilder erleichtern Ihnen das Hörverständnis

Die nächsten Schwierigkeitsstufen wären dann auch hier wieder komplette Nachrichtensendungen, Kriminalfilme oder populärwissenschaftliche Beiträge im Fernsehen oder Radio. Wobei das Fernsehen wegen seines Bildbezuges vorzuziehen ist. Wenn Sie keinen Video-Recorder zum Aufzeichnen haben, tut es in den meisten Fällen auch das Kassettendeck. Die Bilder haben Sie ja noch eine gewisse Zeit vor Ihrem geistigen Auge.

Möglichst Texte anhören, die Sie auch „sehen" können

Falls Sie eine Sprache lernen, bei der Sie nicht so schnell an Originalsendungen herankommen, müssen Sie der Auswahl des Lernmaterials noch mehr Aufmerksamkeit schenken. Es sollte also immer auch extra Lese- und Hörtexte anbieten. Oder Sie wenden sich an Ihre Lehrer mit der Bitte, zusätzliche Hörtexte bereitzustellen. Wenn Sie vollständig auf sich allein gestellt sind, fragen Sie in Bibliotheken, Volkshochschulen oder auch Fremdsprachen-Instituten, ob man Ihnen aus der Patsche helfen kann. Sie finden bestimmt eine Möglichkeit.

> Also, bitte das Hören nicht als Stiefkind des Fremdsprachen-Lernens ansehen!

Sprechen

Es ist eine gute Übung zum Vorbereiten des freien Sprechens, wenn Sie die Lektionstexte laut lesen. Wenn Ihnen kein Lehrer dabei helfen kann, Ihre Aussprache zu korrigieren, sollten Sie Ihr Gelesenes, so oft es geht, auf Kassette aufnehmen. Durch Vergleich mit dem Original können Sie bereits eine Menge tun.

Frei reden ist besser als Vorlesen

Weitere Ansätze bietet Ihnen das kommunikativ orientierte Fremdsprachen-Lernen praktisch in allen Phasen. Sie beginnen ja schon recht früh, mit

Sprechen, wo immer es geht!

Zusammenfassungen des neuen Sprachstoffes. Sie festigen diesen durch Frage-Antwort-Übungen und Antworten und prägen Ihr Können schrittweise in Übungsdialogen aus. Wenn Ihr Material nicht genügend solcher Dialoge anbietet, können Sie in der Regel auch den Lektionstext verwenden. Sie schlüpfen dazu in die Rolle einer der Sprecher. Wenn Sie an der Reihe sind, drehen Sie die Lautstärke einfach leiser, und sprechen Sie den betreffenden Part. Wenn Sie mal ins Stocken geraten, macht das gar nichts. Stoppen Sie das Gerät, und fangen Sie noch mal von vorn an.

Keine Scheu vor Mitschülern!

Natürlich nutzen Sie, wenn Sie in einem Seminar lernen, alle Möglichkeiten, um zu sprechen. Überwinden Sie die Scheu, die Sie möglicherweise am Anfang haben. Vielleicht hilft Ihnen ja auch die Erkenntnis des klugen, aber faulen Schülers, der sich immer wie folgt tröstete: *„In die Schule muß ich sowieso. Die Zeit ist in jedem Fall verschenkt. Die einzige Möglichkeit, beim Lernen Zeit zu sparen, habe ich bei den Hausaufgaben. Je mehr ich in der Schule mitarbeite, um so weniger Zeit brauche ich für die Hausaufgaben."*

Auch stilles Kommunizieren hilft, Sprechfertigkeiten auszuprägen

Sie werden darüber hinaus feststellen, daß Ihre Aktivitäten durchaus ein Impuls für Ihre Mitstreiter sein können. Das macht das Ganze einfach viel interessanter und abwechslungsreicher. Auch wenn andere sprechen, sitzen Sie nicht nutzlos rum. Schließlich kommunizieren Sie im Stillen ja immer mit. Wenn Sie einen oder mehrere Ihrer Kommilitonen für gemeinsame Festigungsübungen gewinnen können, um so besser.

Versuchen Sie, wieder Kind zu sein – es lohnt sich

Ein Wort noch zu Rollenspielen, die Sie entweder im Seminar oder zu Hause durchspielen. Achten Sie darauf, daß die Situation möglichst lebensecht nachgestellt wird. Alles, was dazu an Utensilien, aber auch an Vorstellungen dienen kann, muß Ihnen willkommen sein. Nur so können Sie echte Wort-Situations-Beziehungen und Wort-Handlungs-Beziehungen herstellen.

Es fällt Erwachsenen oft leider am Anfang ziemlich schwer, wieder wie Kinder zu spielen. Aber genau diese Art und Weise, sich mit der Umwelt spielend auseinanderzusetzen und zu lernen, sollten Sie anstreben. Wenn Ihnen das nicht liegt, hilft Ihnen vielleicht die Vorstellung, daß auch ernstzunehmende Unternehmer in teuer bezahlten Manager-Seminaren mit Erfolg spielen. Sie sollten es auch tun. Wann und wo immer Sie können.

Spielen fällt am Anfang schwer – macht aber später richtig Spaß

Sie können ständig üben, wenn Sie wollen

Eine weitere Möglichkeit zu sprechen, die Sie praktisch überall anwenden können, ist das Übertragen von Äußerungen in die Fremdsprache. Hiermit ist kein professionelles Dolmetschen gemeint. Das erfordert ja ein spezielles Training. Was spricht aber dagegen, daß Sie z.B. versuchen, bestimmte Dialoge in einem Fernsehfilm in der Fremdsprache wiederzugeben?

Übertragen von Äußerungen - gutes Sprech-Training!

Nicht, daß Sie simultan dolmetschen sollen. Nein, ganz im Gegenteil. Der Fernsehfilm liefert Ihnen zunächst nur die Situation, die handelnden Personen und den Kontext. Und einen gewissen Handlungsauslöser. Wenn jetzt ein Schauspieler etwas sagt, versuchen Sie, diese Sequenz in der Fremdsprache wiederzugeben. Wenn Sie allein sind, können Sie das laut tun. Ansonsten kommunizieren Sie still.

Nutzen Sie alle Möglichkeiten ...

Natürlich können Sie hier die Richtigkeit Ihrer Versionen nur relativ schwer abchecken. Auch Ihre Aussprache bleibt selbst beim lauten Dolmetschen fast ohne Kontrolle. Das sollte Sie aber nicht weiter

Fremdsprachen-Lernen (FSL)

Trainieren, mit bekanntem Wortschatz umzugehen

stören. Diese Form des Lernes ist nämlich ein ideales Training, schnell mit dem bekannten Wortschatz auf neue Situationen zu reagieren.
Sie sollten damit so früh wie möglich beginnen. Natürlich können Sie auch alle anderen Situationen und Dialoge als Auslöser für Ihr Training verwenden. Nutzen Sie also Gespräche, die Sie in der Straßenbahn, im Supermarkt oder im Büro „mitschneiden", um zu üben. Was Sie nicht „verdolmetschen" können, das lassen Sie eben. Nehmen Sie den nächsten Satz. Und wenn der auch noch nicht klappt, dann den übernächsten.

... und scheuen Sie sich nicht, Fehler zu machen

Buchstäblich jede Situation ist geeignet, um in der Fremdsprache zu sprechen

Versuchen sollten Sie aber, so viel wie möglich zu übertragen. Wenn Sie in einem Gespräch mit einem Ausländer sind, können Sie sich auch immer nur am eigenen Schopf (dem eigenen Können) aus der Situation herausziehen. Darum gilt: lieber falsch oder unvollständig als gar nicht übertragen! In einer echten Situation wird Ihr Gesprächspartner in den meisten Fällen schon nachfragen, wenn er etwas nicht verstanden hat. Wenn es ein ganz netter ist, hilft er Ihnen sicher auch.

> Und ob jemand nett ist, merken Sie ja nur dann, wenn Sie mit ihm sprechen.

Schreiben

Zunächst einmal üben Sie das Schreiben ganz intensiv beim Erarbeiten der Lern-Wortliste. Hier verbinden Sie die einzelnen lautlichen Äußerungen mit dem dazugehörigen Schriftbild. Wichtig ist dabei, daß Sie die schriftliche Version durch Vergleich mit dem Original immer kontrollieren. Fehler prägen sich leider nur allzu nachhaltig ein.

Phase 3: Anwendung (FSL)

Profitieren Sie von Ihrer Veranlagung!

Wenn Sie ein eher visueller Typ sind, haben Sie sicher schon früher festgestellt, daß Sie Dinge, die Sie selbst geschrieben haben, besonders gut behalten. Wenn das so ist, dann sollten Sie es auch ausnutzen. Natürlich werden Sie sich dem Schreiben um so mehr zuwenden, je intensiver Sie diese Fertigkeit später gebrauchen. Dazu eignen sich in einer ersten Phase vor allem Diktate. Schreiben Sie also Ihre Lektionstexte vom Band ab. Die Kontrolle fällt Ihnen leicht – Sie haben ja das Original. Nutzen Sie weiterhin auch alle Übungen Ihres Materials, so weit es geht, zum Schreiben aus. Selbst wenn das nicht immer sinnvolle Dialoge sind – zum Üben reichen sie allemal.

Schreiben als Lerntechnik: wichtig für visuelle Typen

Sie können zum Abschluß einer Lektion natürlich auch die Lektionstexte schriftlich zusammenfassen, eine Art Resumé ziehen. Zum Abchecken, ob alles stimmt, ziehen Sie wieder die Originale und einschlägige Wörterbücher zur Hilfe.

Wenn möglich: Lexikontexte schriftlich zusammenfassen

Auch hier gilt: Um Originaltexte kommen Sie nicht herum

Ganz besonders dann, wenn Schreiben in der Fremdsprache zu Ihrem Job gehört, sollten Sie sich, so schnell es geht, solche Texte besorgen.

Egal, ob es sich um einen Fachartikel oder ein Angebot an eine ausländische Firma handelt – diese Art von Texten sind alle sehr spezifisch. Zunächst bleibt einmal festzustellen, daß es sich dabei in der Regel um eine ziemlich verbogene Sprache handelt.

An Schreibstil gewöhnen!

Unerläßlich: Formen beachten

Ganz besonders im schriftlichen Bereich hat sich das Beamten-Deutsch oder das Fach-Chinesisch ausgeprägt. Soweit Sie können, sollten Sie dem natürlich nicht nachgehen. Andererseits verstoßen Sie einfach gegen bestimmte Gepflogenheiten, wenn Sie ein Schreiben an eine Partnerfirma so schreiben, wie Ihnen der Schnabel gewachsen ist. Sie müssen sich einfach an die üblichen Formen halten.

Feststehende Wendungen gehören dazu

Auch hier: Lern-Wortliste erarbeiten

Lesen Sie sich also beispielhafte Texte durch, und streichen Sie notwendige, nicht änderbare Formen an. Diese schreiben Sie anschließend heraus. Erarbeiten Sie sich aus diesen Formen eine Lern-Wortliste, und bearbeiten Sie diese wie gehabt. Anschließend schreiben Sie sich bei einem zweiten Lese-Durchlauf die wichtigsten inhaltlichen Stichpunkte des Textes heraus.

Fremdsprachige Originale verfassen – nicht übersetzen

Wenn Sie den Text inhaltlich auf deutsch ungefähr wiedergeben können, beginnen Sie, ein fremdsprachiges Original zu verfassen. Es geht hier nicht um Übersetzen. Sie sollen also nicht erst einen Text aus der Fremdsprache ins Deutsche und anschließend zurückübersetzen. Sie verschaffen sich mit dem Durchlesen nur einen Überblick über die Thematik und erarbeiten sich die notwendigen feststehenden Wendungen. Die Stichpunkte verwenden Sie so, als hätte Ihr Chef Ihnen das Angebotsschreiben stichpunktartig diktiert oder als wären diese Stichwörter Ihre eigenen Gedanken für ein Schreiben.

Beim Vergleich Ihrer Version mit dem Original sollten die feststehenden Wendungen natürlich übereinstimmen. Den Rest können Sie aber verbessern. Sie wissen ja, es gibt in den meisten Fällen nicht nur eine einzige richtige Version. Ihre ist vielleicht noch ein bißchen stimmiger.

Auf jeden Fall haben Sie durch aktives, praxisbezogenes Üben gelernt, auch mit solchen Schreiben fertig zu werden.

Der Kurs ist beendet – was nun?

Wie kann man im Alltag die erworbenen Kenntnisse erweitern? Welche Methoden sind dazu geeignet? Was kann man tun, wenn man nur sehr wenig Zeit hat?

Da ist zunächst mal der Tag danach mit dem Gefühl: Ein Glück, jetzt habe ich es endlich geschafft. Falls Sie sich aber schon ein Stück weit an das kommunikativ orientierte Lernen gewöhnt haben, könnte auch die Frage auftauchen, ob sich das nicht fortsetzen läßt. Klar, denn es funktioniert als Lernmethode ja nicht nur bei bestimmten Kursen, Seminaren oder Vorträgen.

> **Zwei Fliegen mit einer Klappe schlagen!**
>
> Es eignet sich für alle Formen der Informationsaufnahme und -verarbeitung. Darüber hinaus ist diese Lerntechnik auch auf eine viel weiterführende Zielstellung ausgerichtet – das Ausprägen komplexer kommunikativer Fertigkeiten. Das bedeutet: Über das Training von Fachaufgaben werden Sie automatisch Ihre allgemeinen kommunikativen Fertigkeiten verbessern. Sie werden die Angst vor freiem Sprechen ablegen. Die Teilnahme an einer Diskussionsrunde wird kein Problem mehr für Sie sein. Und wenn wieder mal ein Seminar ins Haus steht – was soll schon passieren? Sie wissen ja, wie man so etwas angeht.

Bleiben Sie in Übung!

Da Sie einerseits aber nicht ständig an irgendwelchen Kursen teilnehmen und andererseits täglich mit einer Vielzahl von interessanten Informationen zu tun haben, macht es Sinn, nach Möglichkeiten für ein tägliches Training zu suchen. Ansätze dafür gibt es viele. Hier werden nur einige vorgestellt, die

Tägliches, sinnvolles Training aufbauen

Der Kurs ist beendet – was nun?

aber alle auf mindestens zwei Ziele ausgerichtet sind.

> Erstens: Sie vergrößern Ihr Allgemeinwissen.
> Zweitens: Sie verbessern Ihre kommunikativen Fertigkeiten.

Zeitung lesen – und zwar regelmäßig

Wer es zeitlich schafft, sollte täglich lesen ...

Der Grund dafür ist ja noch ziemlich einleuchtend: Nur wer ständig in Sachen Politik, Wirtschaft und Kultur auf dem neuesten Stand ist, kann auch überall mitreden. Aber lesen Sie regelmäßig Zeitung? Oft fehlt doch die Zeit, um sich mit der täglichen Flut an Nachrichten, Meldungen und Kommentaren, die die Zeitungen anbieten, auseinanderzusetzen. Eigentlich ein ziemlich verständlicher Grund. Aber selbst wenn man es wollte, die Tageszeitungen sind für unseren hektischen Alltag einfach zu dick.

Mit der Informationsflut leben

... wer nicht, für den bieten sich Wochenzeitungen an

Die Alternative dazu: gute Wochenzeitungen. Auf sieben Tage verteilt, ist das gar kein so utopisches Pensum. Wichtige politische, wirtschaftliche und kulturelle Ereignisse finden sich hier oft auch gründlicher recherchiert. Hinzu kommt, daß Wochenzeitungen wesentlich mehr Berichte, Kommentare und Meinungen enthalten als Tageszeitungen. Also Dinge durchaus auch werten. Sie bieten damit gute Ansatzpunkte für eine individuelle Auseinandersetzung. Schließlich wollen Sie nicht nur der pure Konsument von Nachrichten sein. Und nicht zuletzt: Auf sieben Tage verteilt sind Wochenzeitschriften schließlich sogar preiswerter.

Aber Lesen – egal, ob Tages- oder Wochenzeitung, Magazin oder Fachzeitschrift – ist nicht gleich Lesen. In der klassischen Form bedeutet Lesen ja zunächst einmal nur das Aufnehmen von Informationen. Aber das geht mit allen Nachteilen der einkanaligen Informationsaufnahme einher. Eine hohe Vergessensrate ist damit auch hier vorprogrammiert. Sie sollten beim Lesen einer Zeitung von jetzt ab einfach ein paar Dinge anders machen.

Auf das Wesentliche beschränken = Zeit sparen

Wie kanalisiert man die Informationsflut?

> Beschränken Sie sich dabei immer auf das Wesentliche. Erstens hilft Ihnen das, Zeit zu sparen. Und die können Sie sehr gut für andere Dinge nutzen. Zweitens belasten Sie sich nicht mit dem Verarbeiten unnötiger oder überflüssiger Informationen.

Wie das funktioniert? Zunächst mal ganz einfach. Wenn Sie sich an eine Zeitung gewöhnt haben, kennen Sie auch deren Aufbau. Sie werden ohnehin nur die Rubriken lesen, an denen Sie wirklich Interesse haben. Dazu sollten Sie sich zunächst nur über die Überschriften, gegebenenfalls über zusätzliche Ergänzungen einen Gesamtüberblick verschaffen. Sie können von jetzt ab viel effektiver lesen.

Mit dem Wichtigsten beginnen

Die Tricks der Journalisten

Sie beginnen mit dem, was Sie am meisten interessiert und können in Zeitnot Artikel von geringerer Bedeutung verschieben oder sogar fallen lassen. Das machen Sie aber sowieso schon? Um so besser. Dann könnten Sie ja gleich zum nächsten Schritt übergehen. Wer sich ein klein wenig mit dem Schreiben auskennt, weiß, daß die wesentlichsten Informationen in der Regel im ersten Abschnitt stehen. Die etwas weniger wichtigen im zweiten usw. Zum Teil liegt das am klassischen Aufbau einer Nachricht, zum nicht unerheblichen Teil aber auch daran, daß viele Artikel zu lang sind. Unter Zeitdruck kürzt der verantwortliche Redakteur deshalb in der Regel ganz einfach von unten nach oben. Weil die Journalisten das wissen, in der Regel aber nach Zeilen bezahlt werden bzw. entsprechende

Schrittweise vorgehen, je nach Bedarf!

Der Kurs ist beendet – was nun?

Zeilenvorgaben bekommen, kippen sie bei vielen Artikeln unten noch etwas Wasser dran. Muß dann gekürzt werden – kein Problem. Man streicht eben den jeweils letzten Abschnitt. Das Wesentliche bleibt so immer noch erhalten.

Üben Sie methodisch an Beispielen, die sich für Sie lohnen

Wieder nach dem bekannten Muster arbeiten

Am Anfang sollten Sie noch – wo immer Sie das können – laut lesen und kommunizieren. Sonst rutschen Sie wieder zu schnell in herkömmliches Lesen ab. Wenn Sie mehr Zeit haben und ein Artikel Sie ganz besonders interessiert, verfahren Sie nach dem inzwischen bekannten Muster: Wichtiges unterstreichen, Zusammenhänge herstellen und verbale Merk-Formen erarbeiten. Natürlich lohnt sich das nur bei Themen, die Sie auch über eine ganz bestimmte Zeit archivieren wollen.

> Wenn Sie zusätzlich vielleicht noch Ihren eigenen Schreibstil trainieren wollen – erarbeiten Sie anhand Ihrer Unterstreichungen und der verbalen Merk-Formen einen eigenen Artikel. Wenn Sie sich dabei die zusätzliche Aufgabe stellen, den Artikel zu kürzen, dann können Sie das Training sogar noch erweitern.

Sie finden Zeitungslesen langweilig?

Wenn Sie wirklich wollen, finden Sie eine Lösung

Alles schön und gut, aber: Die meisten Zeitungen erscheinen Ihnen nicht unabhängig genug, die Artikel sind entweder zu kurz oder zu lang und zudem oft schlecht recherchiert. Stimmt. Der Eindruck drängt sich nur allzu oft auf. Aber was bleibt Ihnen denn übrig? Entweder Sie lassen es ganz, oder Sie nehmen eine Zeitung mehr als Anregung. Als Anstoß, sich selbst Gedanken zu machen. Und wenn Sie gar nicht mehr mit Ihrem Blatt klarkommen – na, dann wechseln Sie es eben.
Sie haben wirklich nicht die Zeit, regelmäßig Zeitungen zu lesen? Dann sollten Sie es wenigstens mit Fernsehen versuchen!

Fernsehen schadet nicht – wenn man es richtig angeht

Der Vorteil, den das Fernsehen als Informationsquelle gegenüber der Zeitung hat: Es ist aktueller und in der Präsentation der Informationen auch viel kompakter. Bild und Ton ergänzen sich und können emotional viel stärker als das gute alte Printmedium auf uns wirken. Man muß es nur richtig nutzen.

Die richtige Sendung ...

Wählen Sie eine Ihnen genehme Art der Nachrichtenpräsentation aus. Es muß gar nicht immer die klassische Variante sein. Wenn es sich nicht um vordergründige Effekthascherei handelt, bringt gut gemachtes Infotainment Informationen schneller und präziser rüber, als es der klassische Sprecher kann. Da man dort auch mehr auf die Wirkung von Bildern und das Vermitteln von Emotionen setzt, werden diese Art Sendungen von vielen als interessanter empfunden.

Nachrichten aktiv erleben!

... fordert Ihre Mitarbeit heraus

Aber egal, wofür Sie sich entscheiden: Das wichtigste hierbei ist auch wieder, daß Sie während der Sendung kommunizieren. Werten Sie das gerade Gesehene und das Gehörte! Setzen Sie sich mit den Nachrichten und vor allem mit den Kommentaren und Meinungen auseinander!

Wenn Sie diese Art der Informationsaufnahme und -verarbeitung zu einer echten Lern-Sequenz machen wollen, halten Sie möglichst immer Papier für Notizen bereit. Sie wissen schon – es geht im Prinzip auch hier um einen Lernprozeß. Warum sollten Sie sich nicht auch hier richtige Lern-Skripte anfertigen, wenn Sie bestimmte Informationen für besonders behaltenswert erachten?

Wenn Sie wollen – Lern-Skripte anfertigen

Der Kurs ist beendet – was nun?

Welche Sendungen sich am besten zum Üben eignen

Da man im voraus nie weiß, wann solche Infos gesendet werden, sollten Sie immer Block und Stift neben dem Fernseher bereithalten. Den können Sie ja zudem auch für wichtige Programminformationen nutzen. Neben reinen Nachrichtensendungen bieten sich ganz besonders natürlich Magazinsendungen, Reportagen oder Talkshows an, um das Weltgeschehen aktiv zu erschließen. Hier finden Sie praktisch von ganz allein genügend Anregungen zur Auseinandersetzung.

Wozu Talkshows gut sein können

Auch beim Autofahren können Sie üben

Das bisher Gesagte trifft natürlich in bestimmtem Umfang auch für das Radio zu. Das um so mehr, als man das Radio z.B. auch beim Autofahren nutzen kann. Wenn Sie hier in Zukunft statt passiver Begleitmusik eher auf Informationskanäle umschalten und aktiv daran „teilnehmen", schlagen Sie gleich zwei Fliegen mit einer Klapppe. Erstens vergeht Ihre Fahrt wie im Fluge, und zweitens lernen Sie noch etwas dabei. Das ganze klappt natürlich mit Walkman auch im Bus oder der Bahn.

Im Radio Infokanäle „suchen"

Was Sie sonst noch tun können, um kommunikativ am Ball zu bleiben? Da sind Ihnen und Ihrer Phantasie eigentlich keine Grenzen gesetzt. Es sollten aber möglichst immer Tätigkeiten sein, bei denen Sie Neues kennenlernen und/oder bei denen Sie sich mit anderen Menschen austauschen können. Also, wie wäre es mit einem Hobby, gemeinsam mit Ihrem Partner oder Ihren Kindern? Oder gehen Sie doch mal wieder ins Theater! Vergessen Sie aber nicht, sich anschließend über Ihre Eindrücke auszutauschen! Wenn Sie niemanden dazu haben, lassen Sie Ihre Eindrücke bewußt nachwirken. Vielleicht schreiben Sie sie ja auch auf?
Überhaupt: Tagebuch führen wäre nicht schlecht. Oder Briefe schreiben. Ihre Freunde werden es Ihnen danken.
Aber sicher fällt Ihnen noch viel mehr ein.

Zum Abschluß noch zwei ungewöhnliche Lerntips

Langweilige Vorträge – na und?

Wie war das bei Ihnen im letzten Jahr? An wie vielen langweiligen Vorträgen „durften" Sie teilnehmen? Wie oft haben Sie in einer vollkommen uninteressanten Dienstbesprechung gesessen? Einmal? Zweimal? Oder sogar noch öfter? Klar, manchmal war es ja auch interessant. Aber die vielen nutzlos verbrachten Stunden?

Die Vortragstechnik hat sich zwar gewaltig verbessert ...

Dabei sind die meisten Vorträge heutzutage gar nicht mehr so eintönig wie vielleicht vor 20 oder 30 Jahren. Waren es damals noch unendlich lange, eintönige Monologe, so arbeiten die meisten Referenten jetzt mit mehr oder weniger guten visuellen Beispielen. Sie nutzen das ganze Potential an Overhead-Projektoren, Wandtafeln oder Flipcharts. Einige verwenden Videosequenzen oder arbeiten bereits mit Computer-Animation. Das alles macht die Zeit, die wir zuhören müssen (in der Regel zwischen 45 und 90 Minuten), einigermaßen erträglich. Und „hängen" bleibt auch noch etwas. So schlimm ist das doch also gar nicht, oder?

... aber das kann ja wohl nicht alles sein

Fragen Sie sich doch zunächst einmal, in wie viele dieser Vorträge Sie mit Interesse hineingegangen sind. Waren es alle? Hätten Sie also freiwillig an allen Versanstaltungen teilgenommen? Auch unter Verzicht auf Dinge, die Ihnen wichtig sind? Sicher nicht. Woran lag das? Vielleicht war Ihnen das Thema egal, oder Sie wußten schon vorher, daß der

Waren Sie immer motiviert?

Referent (vielleicht Ihr Chef) ein übler Langweiler ist. Vielleicht fiel der Vortrag ja auch in Ihre Freizeit, und Sie hatten sich vorgenommen, etwas mit Ihren Kindern zu unternehmen. Oder Sie wurden davon abgehalten, Ihr Tagesgeschäft zu erledigen, so daß Überstunden geradezu vorprogrammiert waren. Kein Wunder, daß unter solchen Vorzeichen Ihre Motivation so ziemlich gegen Null ging.

Können Sie Ihr Interesse erzwingen?

Natürlich könnten Sie jetzt sagen: Da muß man einfach durch. Daran wird auch in Zukunft nicht viel zu ändern sein. Könnte stimmen.

> Wir wollten ja auch nicht darüber diskutieren, was die **anderen** alles unternehmen können, damit wir mit größerem Erfolg an solchen Veranstaltungen teilnehmen. Uns geht es darum, was **wir** dafür tun können. Und das ist eine ganze Menge.

Langweilige Vorträge – eine ideale Trainingsmöglichkeit

Nein – aber beeinflussen!

Wenn also in Sachen Motivation von außen nichts bei Ihnen geweckt werden konnte, kann es nur heißen: Jetzt erst recht. Denn eins ist klar: Drücken können Sie sich in den seltensten Fällen, und solche Veranstaltungen für ein betuliches Nickerchen oder zum Zeitung-Lesen zu nutzen, dürfte auch nicht immer ganz ungefährlich sein. Denn das werden Ihre Chefs, die ja entweder selbst die Vortragenden sind oder diese Veranstaltung organisiert bzw. angewiesen haben, nicht allzu gern sehen.

Notfalls lernen Sie etwas ganz anderes ...

... als Vorbereitung für einen eigenen Auftritt

Wenn Sie wirklich überzeugt sind, daß Ihnen der Vortrag inhaltlich nichts bringt (aber nur dann), könnten Sie Ihre Argumentationsfähigkeit trainieren. Versuchen Sie, in innerer Kommunikation das Gesagte besser zu begründen als der Redner. Oder Sie argumentieren einfach dagegen. Wiederlegen

Sie diesen Schwätzer, der ja doch von nichts eine Ahnung hat!

... als der Vortragende Ihnen erzählt

Und wenn das wirklich so ist, notieren Sie sich seine Argumente und Ihre Gegenargumente. Sie werden sie irgendwann bestimmt einmal gebrauchen können. Vielleicht müssen Sie im nächsten Jahr ja vor dasselbe Auditorium treten und zu einem ganz ähnlichen Thema referieren. Dann haben Sie wenigstens schon einen Hinweis, was bei den Zuhörern ankommt und was nicht. Weil das eine ganz passable Trainingsmöglichkeit ist, sollten diese Notizen so aussehen wie in den Kapiteln *Phase 1: Vermittlung und Aneignung* und *Phase 2: Festigung* beschrieben.

Zielstellungen gibt es genug

Sprechen Sie vielleicht eine Fremdsprache? Und das schon recht gut? Warum versuchen Sie dann nicht, diesen miesen Vortrag simultan zu dolmetschen? Natürlich nur ganz für sich im stillen und ohne halblautes Vor-sich-Hinmurmeln. Letzteres wäre zwar sehr sinnvoll, um gleichzeitig Ihre Aussprache zu trainieren, dürfte in einer solchen Situation aber zu leichten Irritationen bei Ihren Nachbarn führen.

... um eine Fremdsprache zu trainieren

Man kann praktisch immer lernen

Oder: Sie beobachten den Redner in seinem Auftreten. Schätzen Mimik und Gestik ein. Analysieren den Aufbau des Vortrages. Machen sich Notizen darüber, ob er gut oder schlecht strukturiert ist. Notieren sich sinnvolle und unsinnige Vergleiche, Beispiele, Herleitungen usw. Sinnvolles werden Sie für die eigene Kommunikation nutzen, Unsinniges bewußt meiden.

... um die Wirkung von Mimik und Gestik auszuloten

Langweilige Vorträge wird es bald nicht mehr geben

Natürlich können Sie auch ein Mix der gemachten Vorschläge anwenden. Versuchen Sie es. Eins ist jedenfalls sicher: Sie können aus jedem uninteressanten Vortrag und jeder noch so langweiligen Dienstbesprechung etwas herausholen. Vorausgesetzt, Sie wollen es und wenden dafür geeignete Mittel und Methoden an.
Übrigens, Ihrer Eigeninitiative sind gerade hier keine Grenzen gesetzt. Erlaubt ist praktisch alles, was nützt und andere nicht stört.

Die Sache mit dem Spickzettel

Prüfungen sind wirklich nicht jedermanns Sache. Insbesondere dann, wenn es um ganz verzwickte Fakten, Daten oder Formeln geht, die sich trotz aller Mnemo-Hilfen immer noch nicht eingeprägt haben. Aber zum Glück gibt es Methoden, die helfen, sich erfolgreich darauf vorzubereiten. Eine der wirksamsten: Sie machen sich einen Spickzettel. Ob das ernst gemeint ist? Na klar doch! Ein Spickzettel kann gewissermaßen der I-Punkt Ihrer Vorbereitungen sein.

Ein Beispiel

Die Sache geht so: Nehmen Sie einmal an, unser Herr Ziel steht kurz vor der schriftlichen Abschlußprüfung seines Lehrganges „Neue ökologische Verfahrenstechniken". Was alles geprüft werden könnte, ist ihm ziemlich klar. Nämlich alles.
Im großen und ganzen beherrscht er die Thematik ja auch. Die Kontrollfragen aus seiner Seminaranleitung sind für ihn im Prinzip kein Problem mehr. Weiterhin würde Herr Ziel sich auch schon zutrauen, wenn auch noch unter Mithilfe seiner Aufzeichnungen seine Kollegen in diese neuen Verfahren einzuweisen. Soweit einmal gar nicht so schlecht, denn das war doch bereits das Ziel des Lehrganges.

Spickzettel sind besser als ihr Ruf

Jetzt geht es (nur noch) darum, diesen Stoff vollends zu festigen. So, daß er zu jeder Zeit Fragen zu diesem Gebiet beantworten kann. Egal, ob die nun vom Seminarleiter in der Prüfung oder von einem Kollegen, den er anzuleiten hat, gestellt werden. Wie gesagt, unter Mithilfe von Unterlagen würde er sich das schon zutrauen. Doch vor allem die komplizierten Entsorgungsvorschriften, die Anforderungen an die Schadstoffemission und überhaupt das umfangreiche Zahlenmaterial „sitzt" irgendwie noch nicht so richtig.

Ein Spickzettel?
Das geht doch nicht!

> Genau das ist der Punkt, wo ein Spickzettel nützlich ist. Aber ist das auch legitim? Was ist, wenn Herr Ziel in der Prüfung erwischt wird? Was würden seine Kollegen sagen, wenn er ihre Fragen nur mit einem Spickzettel beantworten kann? Schließlich war er fünf Wochen zur Weiterbildung, und sie mußten seine Arbeit mitmachen.

Wie war das noch damals in der Schule?

Dabei ist ein Spickzettel doch eigentlich etwas ganz Normales, oder? Erinnern Sie sich noch daran, wie früher in der Schule vor einer schweren Klausur Spickzettel gemacht wurden. Das war doch an der Tagesordnung. Wenn man erwischt wurde, galt das unter Mitschülern eher als Kavaliersdelikt. Nur die Streber haben sich heimlich gefreut. Wer wirklich noch nie den Versuch unternommen hat, der stellt sich eben vor, wie ein solcher Spickzettel aussehen könnte. Das müßte doch gehen, oder?

Versuchen Sie sich zu erinnern

Die äußere Form ist wichtig

Also, am Anfang war da meist ein kleines DIN-A5-Kärtchen. Sicher ein für solche Zwecke häufig verwendetes Format. Natürlich gab und gibt es noch viel exotischere Varianten. Von den Verstecken ganz zu schweigen. Der Phantasie waren ja noch nie Grenzen gesetzt. War die äußere Form noch variabel, so war doch das Verfahren der Beschriftung fast immer dasselbe.

Am besten alles aufschreiben

Schritt 1:
Alle wichtigen Fakten erfassen

Zunächst wurde versucht, möglichst alle Informationen, die man noch nicht sicher beherrscht hat, zu notieren. Die begrenzte Fläche setzte dem aber schon bald eine deutliche Grenze. Was war also zu tun? Weitere Spickzettel anzufertigen, erwies sich als kaum praktikabel, denn sie wären kaum noch handhabbar gewesen und hätten die Gefahr einer Entdeckung durch den Lehrer vervielfacht.

> Synapsen
>
> Im Rahmen der Informationsübertragung stellen die Synapsen wichtige funktionelle Kontaktstellen zwischen den Nervenzellen dar. Heute wird angenommen, daß ein Neuron des menschlichen Gehirns 10^3 bis 10^4 solcher Kontaktstellen besitzt (Abb. 507/1). Infolge der zahlreichen Verbindungen, die jede Nervenzelle eingeht, sind faktisch alle Bereiche des Gehirns untereinander verknüpft. In der Biokybernetik ist der Begriff Netzwerkstruktur des Zentralnervensystems geprägt worden, der die realen Bedingungen sehr anschaulich zum Ausdruck bringt.
> Wenn in diesem Netzwerk nicht eine sinnvolle

Schritt 1: Alles notieren

... oder nur das Wichtigste?

Im zweiten Schritt wurde meist versucht, nur noch das aufzuschreiben, was man sich bis dato nicht merken konnte. Aber sind wir jetzt nicht wieder bei einem der Lernprozesse, die wir in den vorangegangenen Kapiteln beschrieben haben? Diese Auswahl ist doch nichts anderes als ein Wiederholen des zu lernenden Stoffes, verbunden mit bewußtem Hinterfragen: Was kann ich schon und was nicht? Es ist schlicht und ergreifend eine Form von Lern-Kommunikation.

Aufgeschrieben werden mußte jetzt nur noch das, was wir noch nicht wußten. Aber paßte das alles überhaupt auf unser kleines Kärtchen? Da wir von

Schritt 2:
Fakten weiter reduzieren

Synapsen

- Im Rahmen der Informationsübertragung...
- wichtige funktionelle Kontaktstellen zwischen den Nervenzellen...
- ein Neuron des menschlichen Gehirns 10^3 bis 10^4 solcher Kontaktstellen, faktisch alle Bereiche des Gehirns untereinander verknüpft...
- Biokybernetik ist der Begriff Netzwerkstruktur des Zentralnervensystems geprägt worden...

- In diesem Netzwerk sinnvolle räumliche Struktur, die durch eine ganz bestimmte Verteilung von hemmenden und erregenden

---

Schritt 2: Fakten reduzieren

Anfang an unsere Zweifel hatten, haben wir versucht, alles so klein wie möglich zu schreiben. Aber auch nur so winzig, daß es noch erkennbar war. Das war gar nicht so einfach. Zudem haben wir uns vor lauter Aufregung ziemlich oft verschrieben, so daß diese Prozedur einige Male wiederholt werden mußte. Und was kam dabei heraus? Letztlich mußten wir resigniert feststellen, daß auf diese Art und Weise immer noch nicht alles untergebracht werden konnte.

Schritt 3:
Stichwörter werden zur
absoluten Merk-Form

Was blieb uns weiter übrig? Die Methode mußte noch weiter verfeinert werden. Jetzt wurden nur noch Stichwörter notiert, die wir zudem mit Pfeilen und anderen Zeichen miteinander verbunden haben. So entstand ein Zusammenhang zwischen

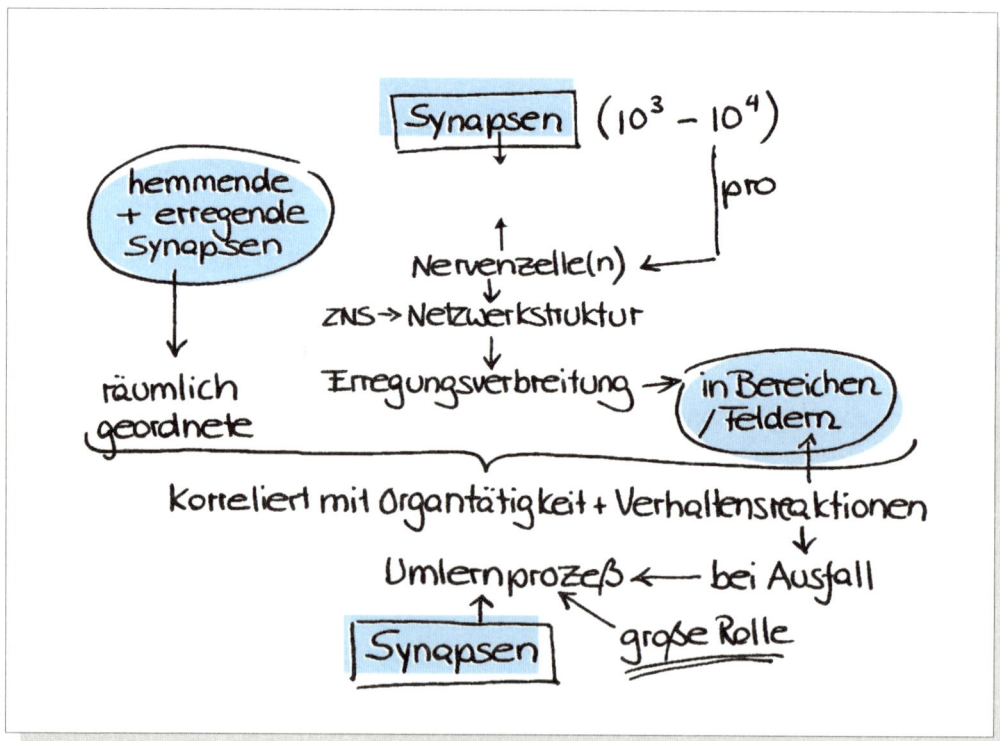

Stichwörter als absolute Merk-Form

den Hauptgedanken und den wichtigsten Fakten und Daten.

Am Ende wissen Sie richtig gut Bescheid

Was das Erstaunlichste war: Durch das mehrfache Aufschreiben in der gerade noch lesbaren Schönschrift, waren wieder ein paar Dinge „hängengeblieben". Unser Zettel enthielt jetzt wirklich nur noch die allernötigsten Informationen. Und die sind wir dann in „offener Kommunikation" durchgegangen. Das heißt, wir haben Argumente und Gegenargumente wie in einer richtigen Diskussion noch einmal gegeneinander aufgewogen, haben all die wichtigen Zahlen und Fakten als Beweismittel angeführt und das Thema so quasi von allen Seiten beleuchtet.

„Schönschrift"
kann Behaltensleistung steigern

Der Spickzettel beruhigt nicht nur die Nerven ...

Das Ergebnis dieser ganzen Prozedur: Wir waren jetzt (ziemlich) sicher, daß wir in der Klausur keine „Aussetzer" mehr haben würden. Sollte uns doch etwas entfallen, dann wäre da ja immer noch der Spickzettel. So konnten wir am Abend davor beruhigt einschlafen, was ja an sich schon ein kleiner Erfolg war. Doch am nächsten Morgen waren sie wieder da – die Gewissensbisse. Was passiert, wenn ich nun doch erwischt werde? Ist das nicht den anderen gegenüber total unfair?

... er kann lernmethodisch das geeignete Mittel sein

Sie müssen jetzt nicht ganz ehrlich sein. Aber sicher haben Sie zu guter Letzt entschieden: Nein, ich mache das doch nicht, und haben den Zettel zu Hause gelassen. Was dann aber während der Prüfung ablief, war doch verblüffend, oder? Nicht nur, daß Ihnen all die Dinge, die Sie sowieso schon gut drauf hatten, spielend aus der Feder flossen. Nein, auch die Zahlen, Fakten und Zusammenhänge, die auf Ihrem Spickzettel standen, waren plötzlich vor Ihrem geistigen Auge präsent. Und das fast im wörtlichen Sinne. Konnten Sie sich doch ganz genau daran erinnern, was an welcher Stelle des Spickzettels stand und welchen Zusammenhang diese Zahl mit den danebenstehenden Fakten hatte?

Ein Wunder? Keineswegs. Das Spickzettel-Machen ist nichts anderes als die Fortsetzung Ihrer bewährten Lernarbeit. Zumindest für die ganz schwierigen Fälle. Sie haben den Stoff damit aufs Äußerste komprimiert. Durch die emotionale Komponente, die mit so einem Spickzettel nun einmal verbunden ist, konnte Ihr Gehirn gar nicht anders: Es mußte die Fakten einfach sicher abspeichern. Es waren zu viele Dringlichkeitsstempel drauf. Wenn Ihnen also wieder mal eine ganz verzwickte Prüfung ins Haus steht: Machen Sie sich einen Spickzettel! Ob Sie ihn verwenden, hängt von Ihnen ab. Aber wenn Sie ihn so anlegen wie gerade beschrieben, dann werden Sie ihn in der Prüfung nicht benötigen. Ganz sicher.

Übrigens, **solch** einen Spickzettel können Sie getrost auch Ihren Kindern empfehlen.

Zusammenfassungen

Thesen zu den Themen Gehirn und Gedächtnis

Zum Gehirn

- Unser Gehirn arbeitet nicht wie ein Computer linear, Schritt für Schritt, sondern netzwerkartig, also räumlich und zeitlich in mehreren Ebenen zugleich.
- Die Gehirnzellen als biologische Bausteine dieser Strukturen allein sind noch relativ einfach funktionierende Schalter.
- Die Leistungsfähigkeit dieser Systeme (Netzwerke) hängt von ihrer universellen Verknüpfbarkeit ab. Die einzelnen Netze können sich gegenseitig beeinflussen.
- Die Verknüpfungen sind nicht vorgegeben. Sie „lernen" aus Erfahrungen und können sich entsprechend neu organisieren.
- Diese Systeme funktionieren als Ganzheit. Sie benötigen keine übergeordnete Schaltzentrale. Sie organisieren sich selbst.

Zum Gedächtnis

Es lassen sich drei unterschiedliche Speicher-Typen im Gedächnis ausmachen:

Bezeichnung	Funktion	Speicherdauer
Ultra-Kurzzeit-Speicher	nimmt Sinneseindrücke auf	1 Sekunde
Kurzzeit-Speicher	speichert Informationen zwischen, bereitet Informationen für die Übernahme ins Langzeit-Gedächtnis vor	im Minutenbereich
Langzeit-Speicher	speichert Informationen dauerhaft, untergliedert sich in einen Fakten- (konkret), einen Bewegungs-(komplex) und einen semantischen Speicher (komplex)	lebenslang

- Zwischen den drei Speicher-Typen vollzieht sich ein beständiger Informationsaustausch. Kein Speichertyp ist in seiner Funktion ohne den anderen erklärbar.
- Informationen werden aufgenommen, verarbeitet und abgespeichert. Modellhaft kann angenommen werden, daß sie als netzartige Spuren in unterschiedlichen Bereichen des Gehirns jeweils als Ganzes abgelegt werden.
- Denk- und Gedächtnisleistungen können gesteigert werden:
  Sogenanntes Gehirn-Jogging erhöht die allgemeine Leistungsfähigkeit des Gehirns.
  Für das sichere Abspeichern einzelner, isolierter Informationen bieten sich Mnemo-Techniken an.
  Für das Erlernen und Beherrschen komplexer Aufgabenstellungen eignet sich kommunikativ orientiertes Lernen.
- Kommunikativ orientiertes Lernen ist vor allem auf das Ausprägen anwendungsbereiten Könnens gerichtet. Gleichzeitig hilft es, die allgemeinen kommunikativen Fertigkeiten des Menschen auszuprägen.

Die drei Phasen des kommunikativ orientierten Lernens (allgemein)

Phase	Merkmale / Schritte
Vermittlung und Aneignung	**Innere Lern-Kommunikation** **Beginn der Erarbeitung von Lern-Skripten** – Konsequentes „Infragestellen" des Stoffes – Bildhafte Notiertechnik – Herstellen erster Zusammenhänge
Festigung	**Offene Lern-Kommunikation,** **Komplexes Arbeiten mit den Lern-Skripten** – Interpretieren des Stoffes – Ergänzen des Stoffes – Expandieren des Stoffes – Erarbeiten eigener Definitionen – Strukturieren des Stoffes – Erarbeiten einer verbalen Merkform – Erarbeiten einer Zusammenfassung
Anwendung	**Offene Lern-Kommunikation,** **Schrittweises Vorbereiten auf reale Aufgabenstellungen** – Trainieren von Teilen des Stoffes für eine reale oder quasi-reale Situation auf der Grundlage der Lern-Skripte – Trainieren des gesamten Stoffes für eine reale oder quasi-reale Situation auf der Grundlage weiter komprimierter – Stichpunkte (auf DIN-A4-Karteikarten)

Zusammenfassungen

Die hier vorgestellten Phasen orientieren sich an einem Lerner, der an einem Vortrag teilgenommen hat und nun das dort vermittelte Wissen festigen und zur Anwendung bringen soll.

Erklärungen
Durch konsequentes Infragestellen des vermittelten Stoffes und das Hineinprojizieren der eigenen Person in eine quasireale Situation entstehen sehr enge Wort-Situations- und Wort-Handlungs-Beziehungen. Das Gehirn wird komplex, also ganzheitlich beansprucht. Sie können den Stoff zielsicher in Ihr bestehendes Wissenspotential einbetten (**aneignen**).   Durch die innere Lern-Kommunikation können Sie Ihre Aufmerksamkeit während der ganzen Dauer eines Vortrages aufrecht erhalten, und Sie beginnen bereits, den Stoff aktiv zu festigen (**Erstfestigung**).   Machen Sie aus Ihren Notizen Lern-Skripten! Durch eine bildhafte Notiertechnik und das Herstellen erster Zusammenhänge unterstützen Sie die Erstfestigung des Stoffes und sparen Zeit für die weiteren Phasen.
Die einzelnen Schritte ermöglichen ein stufenweises Nachbereiten des aufgenommenen Lernstoffes. Gleichzeitig wird Stoff **komplex gefestigt** und schrittweise in anwendbares Können (hier noch vorrangig passiv) umgesetzt.   Beim Interpretieren gehen Sie über einfaches lautes Lesen hinaus. Sie kommunizieren den Stoff ähnlich wie bereits bei der inneren Kommunikation, nur viel komplexer. Bildhafte Darstellungen, Piktogramme, Zeichen usw. werden erklärt und damit in ihrer Bedeutung expandiert.   Durch Unterstreichungen, Hervorhebungen usw. sowie durch eine Gliederung werden Zusammenhänge hergestellt. Durch das Erarbeiten eigener Definitionen, Merksätze etc. vertiefen Sie das Verständnis komplizierter Zusammenhänge.   Durch das Erarbeiten der verbalen Merkformen und der Zusammenfassungen, komprimieren Sie den Stoff wieder. Sie machen damit größere Abschnitte an diesen „Merkhaken" fest.
Die Anwendungsphase steht deutlich an der Schnittstelle zur Realität. In dieser Phase soll das bisherige **Wissen** weiter gefestigt und endgültig in praktisch anwendbares **Können** umgesetzt werden.   Je mehr Sie diese Übungen an Ihre konkreten Arbeitsaufgaben anpassen können, um so besser.   Unabhängig davon ist das Vorbereiten und Halten eines (imaginären) Vortrages eine probate Möglichkeit, um sich auf diverse Alltagsaufgaben vorzubereiten und parallel kommunikative Grundfertigkeiten auszuprägen.

Die drei Phasen des kommunikativ orientierten Fremdsprachen-Lernens

Phase	Merkmale / Schritte
Vermittlung und Aneignung	**Innere und offene Lern-Kommunikation** – Haupt-Inhalt des neuen Stoffes erfassen – Lernstoff (Wortschatz + verbindende Grammatik) schrittweise erfassen – Erste kommunikative Übungen
Festigung	**Offene Lern-Kommunikation, Erarbeiten der Lern-Wortlisten** – Hören / Nachsprechen / Schreiben der Wendungen – Erarbeiten einer muttersprachigen Variante – Selbständiges Erarbeiten der grammatischen Strukturen durch Vergleich der Varianten – Ggf. Erarbeiten grammatischer Lern-Muster – Dynamisieren der Wendungen – Festigen des Wortschatzes und der verbindenden Grammatik durch kommunikative Übungen
Anwendung	**Offene Lern-Kommunikation, Schrittweises Vorbereiten auf reale Aufgabenstellungen** Trainieren der vier Grundfertigkeiten – Sprechen – Hören – Lesen – Schreiben

Zusammenfassungen

Die hier vorgestellten Phasen orientieren sich an einem Lerner, der eine Fremsprache in einem Kurs lernt, aber Probleme mit dem sogenannten Vokabel-Lernen hat. Hinweis: Sie sollten eine Fremdsprache möglichst in einem Kurs erlernen! Das verschafft Ihnen die Möglichkeit, die Vermittlungs-, Aneignungs- sowie die Anwendungsphase „unter Kontrolle" mitzuerleben. Fragen und Probleme zum Verständnis des neuen Stoffes können sofort geklärt und sprachpraktisches Können (wenigstens teilweise) unter Anleitung ausgeprägt werden.

Erklärungen
Um den neuen Stoff so schnell wie möglich in Ihr bisheriges Wissenspotential einzubetten, beginnen Sie sofort mit der Kommunikation. Dadurch können Sie sich schnell in die sprachliche Situation hineinversetzen.
Den neuen Sprachstoff **erschließen** Sie aus dem textlichen Gesamtzusamenhang, aus Wort-Situations- und Wort-Handlungs-Beziehungen, aber z.B. auch aus Gemeinsamkeiten mit der Muttersprache.
Sowohl über die Wiedergabe des Hauptinhaltes in der Muttersprache als auch über erste kommunikative Übungen **eignen** Sie sich den Stoff weiter **an**. Sie gehen damit gleichfalls dazu über, ihn zu festigen (**Erstfestigung**).
Nach dem Einstimmen in die Lektion (Hören und Wiedergeben des Lektionstextes) beginnen Sie mit der Erarbeitung der Lern-Wortlisten.
Hierbei ist es wichtig, durch den eng verbundenen Komplex Hören / Nachsprechen / Schreiben der Wendungen eine feste Verbindung zwischen Wort und Schrift herzustellen und zu **festigen**.
Indem Sie nicht mehr von einer Sprache, sondern von einer übergeordneten Situation ausgehen, für die mehrere (also auch fremdsprachige) Äußerungen parallel als gleich richtig gelten, speichern Sie diese Varianten immer paarweise.
Die Grammatik erarbeiten und **festigen** Sie kommunikativ durch den Vergleich zwischen den jeweiligen fremd- und muttersprachigen Versionen. Um eine muttersprachige Version zu bilden, hilft Ihnen ggf. die Wort-für-Wort-Übersetzung.
Wenn Sie individuell feststellen, daß Sie über das Lernen grammatischer Regeln schneller vorankommen, erarbeiten Sie sich Lern-Muster mit entsprechendem Beispielteil. Achten Sie darauf, daß Sie nicht einfach sprachwissenschaftliche Definitionen abschreiben.
Anschließend **dynamisieren** Sie die Wendungen schrittweise. Das beginnen Sie bereits beim Erarbeiten der Lern-Wortliste durch die Frage-Antwort-Übung. Sie fahren fort mit der Festigung einfacher Strukturen.
Durch den Übungsablauf kommen Sie zu zunehmend komplexeren Strukturen.
Die Anwendungsphase steht deutlich an der Schnittstelle zur Realität. In dieser Phase soll das bisherige **Wissen** weiter gefestigt und endgültig in praktisch anwendbares **Können** umgesetzt werden.
Sie dient einerseits dem Training der vier Grundfertigkeiten, andererseits festigen Sie den Lernstoff dadurch kontinuierlich weiter.
Die vier Grundfertigkeiten sollten Sie schwerpunktartig – je nachdem, was Sie stärker brauchen – trainieren. Grundsätzlich sollten Sie aber immer alle Fertigkeiten trainieren und keine auslassen, da sie sich gegenseitig ergänzen.

Literatur

Nur eine Auswahl wichtiger Titel:

Birkenbihl, V.F.: Die Birkenbihl-Methode Fremdsprachen zu lernen, 4. Auflage, München / Landsberg am Lech 1992

Birkenbihl, V.F.: Stroh im Kopf, Gebrauchsanleitung fürs Gehirn, 19. Auflage, München / Landsberg am Lech 1994

Lehrl, S. / Fischer, B.: Gehirn Jogging: Selber denken macht fit, Grundlagen und Anleitung zum Gehirn-Jogging, 4. erweiterte Auflage, Ebersberg 1994

Langer, E.J.: Fit im Kopf, Aktives Denken oder Wie wir geistig auf der Höhe bleiben, Reinbek bei Hamburg 1993

Schneider, B.: Sprachliche Lernprozesse, Lernpsychologische und linguistische Analyse des Erst- und Zweitsprachenerwerbs, 2. Auflage, Tübingen 1982

Schneider, W.: Wörter machen Leute, Reinbek bei Hamburg 1986

Skinner, B.F. / Correl, W.: Denken und Lernen 1967

Sommer, K. (Hrsg.): Der Mensch, Anatomie – Physiologie – Ontologie, Augsburg 1994

Tittel, K.: Beschreibende und funktionelle Anatomie des Menschen, Stuttgart – New York 1990

Vos Savant, M. / Fleischer, L.: Brain Building, Das Supertraining für Gedächtnis, Logik, Kreativität, Reinbek bei Hamburg 1995

Watzlawick, P.: Menschliche Kommunikation: Formen, Störungen, Paradoxien, 6. Auflage, Stuttgart 1982

Wild, E.: Inneres Sprechen – äußere Sprache, Psycholinguistische Aspekte einer Didaktik der schriftlichen Sprachverwendung, Stuttgart 1980

Willmann-Institut (Hrsg): Wörterbuch der pädagogischen Psychologie, München – Wien – Freiburg i. Breisgau 1974

Zimbardo, P.G.: Psychologie, vierte neubearbeitete Auflage, Berlin – Heidelberg – New York – Tokio 1983

Bildnachweis

Abbildungen und Text auf den Seiten 26–28, 32, 41 und 124 sind entnommen aus: Sommer, S. 507 und S. 527/528.

Stichwortverzeichnis

Abbild 35
Abkürzungen 96, 103
Ablage 59
Abspeichern (von Informationen) 58 f.
Aktivierung (der rechten Gehirnhälfte) 42
Allokortex 37
Alterungsprozesse 37
Alzheimersche Krankheit 37
Anwendung (-sphase, siehe Vermittlungs- und Anwendungsphase) 71, 76, 78, 83, 100, 110 ff., 127, 152
Anwendungsübungen (siehe Übungen) 6, 69, 75 f., 99 f., 111, 129 f., 133, 140, 150
Arbeitsspeicher (siehe unter Speicher) 31
Argumentationsfähigkeit 37, 172
Assoziationen 69, 73, 83, 90, 103
Audio-visuell 49, 81
Auditiv 48
Aufgabenstellungen (komplexe) 69
Aufmerksamkeit (konzentrierte) 85, 91, 159
Aufnehmen (von Informationen etc.) 29, 47 ff., 51, 81, 84, 86, 98, 114, 151, 159, 166
Ausdauer 13, 18
Ausprägen (von Fertigkeiten) 6, 111, 133, 153
Aussprache 133 f., 150 f., 155, 159, 161, 173
Austauschübung (siehe unter Übungen)
Äußerung (sprachliche) 48, 76, 98, 161, 164

Autodidakt (autodidaktisch) 100, 131

Balken 25
Basis 14, 25, 51, 100, 116
Bedeutung (von Informationen, Regeln usw.) 31, 51, 62, 136, 142, 167
Bedeutungsträger 122
Begreifen (im Sinne von Verstehen) 18, 20, 73, 99, 130
Behalten (im Sinne von Merken) 10, 47, 49 f., 77, 89, 100, 103
Behaltenseffekt 49, 57
Behaltensleistung 57, 77, 114
Beherrschen (im Sinne von Können) 71, 73,, 77, 110, 123
Bereiche (des Gehirns) 23 f., 28, 33 f.
Bewegungsspeicher (siehe unter Speicher)
Bewußt 15, 21, 42, 52, 82 f., 89, 103, 130, 173, 177
Bewußtsein 28
Bewußtseinsschwelle 50
Bilder (im Sinne von bildhaften Vorstellungen) 16, 29, 40 ff., 48, 56 ff., 67, 90, 94 103, 159, 169
Bildgebende Verfahren 33
Bildhaft-situative Ebene 143
BIRKENBIHL 145
Botenstoffe 33
BROCA 23
Brücke 28

Code 40, 137
Computer 10, 20, 22, 29, 31, 44, 55, 118, 171

Definitionen (eigene) 40, 71, 92, 149
Denken (allgemein) 10, 16, 18 ff., 23, 25, 36, 41 ff., 45f., 64 f., 68, 71, 84, 86, 88, 90, 134, 141, 143, 146
Denken (ganzhirnig orientiertes) 42
Denken (linkshirnig orientiertes) 45
Denken (rechtshirnig orientiertes) 44 ff.
Denken und Lernen 21 f., 39
Differenzieren (von Informationen) 48
Dolmetschen 86, 161 f., 173
Dringlichkeitsebene 61, 101
Dringlichkeitsstempel 139
Dringlichkeitsstufe 59
Dynamisieren (von Wendungen) 139, 141, 143, 149

EBBINGHAUS 102 f.
Ebbinghaus-Syndrom 133
Echo 48
Ehrgeiz 16, 156
Eidetiker 95
Einbetten (von Informationen, Fakten etc.) 89, 105, 122
Eindrücke (optische) 47, 115
Eindrücke (akustische) 47, 83
Eingangsstempel 59
Einprägen (des Lernstoffes) 107, 150
Einsetzübung (siehe unter Übungen)
Einstimmen (auf ein Thema) 121
Einzelinformationen 58, 81
Emotionen (emotional) 28, 40, 43 ff., 58, 61, 63 f., 84, 107, 169
Endhirn 25, 28
Energieverbrauch (-bedarf des Gehirns) 35, 38
Entwicklungsstufen (des Gehirns) 30
Erfassen (von Informationen, siehe Aufnehmen)
Ergänzungsübung (siehe unter Übungen)

Erinnerung 25, 31, 36, 42, 48, 52, 75, 77, 108, 115, 134
Erkennen (von Informationen etc.) 51 f., 72 f., 152
Erregungen (kreisende) 55
Erstfestigung 101
Erwachsenenausbildung 18 f., 74, 99 f., 126
Erwachsener (als Lerner) 18, 20 ff., 51, 77, 85, 94, 147 f., 161
Eselsbrücken bauen 69
Ethik 16
Expandieren (von verbildlichten Informationen) 103 f.

Fähigkeit (zu Lernen) 11, 15 ff., 21, 24, 30, 38, 85, 94, 117, 150
Faktenspeicher (siehe unter Speicher)
Felder (motorische) 25
Felder (sensorische) 25
Fertigkeit (allgemein) 13, 19, 61 ff., 72, 153
Fertigkeiten (kommunikative und Sprach-) 22, 24, 86, 117, 128, 133, 153, 157, 163
Festigung (-sphase) 61, 76f., 88, 99 ff., 103, 112, 123, 127, 133 f., 151, 160, 173
Festigungsübung (siehe Übungen)
Festplatte 29
Fließtext 95
Frage-Antwort-Übung (siehe Übungen)
Fremdsprachen-Ausbildung 100
Fremdsprachen-Lernen (-Erwerb) 75, 100, 126 ff., 130, 159
Furchen (des Gehirns) 25
Fuzzy-Logic 138

Gedächtnis (allgemein) 28, 31, 41, 47 f., 51, 55 f., 58 ff., 66, 69, 71, 73, 81, 94, 101 f., 136, 181

Gedächtnis-Computer 23
Gedächtnis (fotografisches) 94
Gedächtnis-Künstler 63
Gedächtnisleistungen 55
Gedächtnisverlust 102
Gedanken (siehe Denken)
Gefühl 16, 18, 40, 84, 165
Gehirn (allgemein) 29 ff., 33 ff., 39, 42, 48, 58, 60, 71, 81, 88, 181
Gehirn-Abteilungen 22 ff., 34, 49, 61, 104
Gehirn-Landkarte 23 f.
Gehirn-Training 15, 37, 39
Gehirnhälften 25, 40 ff., 63
Gehirnstruktur 21, 29, 37
Gehirnzellen 32, 34, 37 f.
Glucose 35
Grammatik (grammatische Regeln, Formen, Strukturen usw.) 127, 141 f., 148, 150
Greifhand 24
Großhirn 23, 25, 27, 29 f., 39
Großhirnhälften (siehe Gehirnhälfte)
Großhirnrinde 23
Grundmuster 51

Hauptspalte 92
Headlines 108
Hemmschwelle 133
Hintergrundwissen 110
Hinterhauptslappen 25, 33
Hippokampus 55 f.
Hirnrinde (siehe Großhirnrinde)
Hören (als Sprachfertigkeit) 25, 33f., 82, 88, 97, 108, 114, 129, 131 f., 134, 136, 151 ff., 157 f., 171
Hörtexte 159
Hörübung (siehe Übungen)
Hypnose 41
Hypothalamus 28

Ikon 48
Informationen (allgemein: siehe unter Aufnehmen, Speichern und Verarbeiten)
Informationen (einfache, isolierte) 40, 42 f., 47 ff., 54 ff., 58 f., 61 ff.
Informationen (komplexe) 30, 63
Informationsaufnahme (siehe Aufnehmen)
Informationsaustausch (siehe Austauschen)
Informationsspeicherung (siehe Speichern)
Informationsverarbeitung (siehe Verarbeiten)
Intelligent (Intelligenz) 21
Interaktion (interaktive Prozesse) 53, 63, 118, 126
Interferenztheorie 60, 115

Kanäle (Wahrnehmungs -) 48
Kinder (im Sinne von kindlicher Lerner) 18 ff., 22, 51, 72, 74, 82, 85, 94 f., 148, 156, 161, 172
Kleinhirn 28 f.
Kommunikation (siehe unter Lern-Kommunikation)
Kommunikation (zwischen Gehirn-Abteilungen) 29, 36, 39
Kommunikationsmittel 16, 40
Kommunikationsübung (siehe unter Übungen)
Kommunikativ orientiertes Fremdsprachen-Lernen 75, 100, 126 ff., 130, 159
Kommunikativ orientiertes Lernen (allgemein) 71 ff., 75 ff., 83, 86, 88, 94, 97, 100, 110, 115 ff.
Komprimieren (von Lern-Einheiten) 68, 108
Können (siehe auch unter Wissen) 22,

46, 71 f., 78, 89, 99 ff., 111, 127, 139, 146, 152, 160, 162
Konsolidierung 55
Kontaktstellen 32
Kontext (siehe Textzusammenhang)
Kortex 25
Kurzzeit-Speicher (-Gedächtnis, siehe unter Speicher)

Landessprache 40, 137
Langzeit-Speicher (-Gedächtnis, siehe unter Speicher)
Langzeitstudien 38
Lappen (Stirn-, Scheitel-, Schläfen-, Hinterhaupt-, Großhirn-) 25
Lebensbedingungen 15
Lektionstext 131, 134, 152, 160
Lern-Abschnitte 88, 116
Lern-Kommunikation 39, 82, 86 ff., 90f., 97 f., 103, 115, 121 ff., 130, 136 f., 145 f., 148, 177
Lern-Muster 149
Lern-Skript 97 f., 112, 116, 123, 125, 169
Lern-Wortlisten 150f.
Lernmaterialien (suggestopädische) 149
Lernmaterialien (allgemein) 141, 154
Lernmethoden (Lerntechnik) 22, 78
Lernprozeß 73, 110, 133, 169
Lernstoff 77, 111, 118, 126 ff., 132f., 150 ff.
Lesen (als Sprachfertigkeit) 34, 75, 87, 108, 118, 120 ff., 152 ff., 164, 166 f.
Lesetexte 154
Lesetraining 154
Lese- und Arbeitsspeicher (siehe unter Speicher)
Limbisches System 27, 30, 55
Linke Hemisphäre (siehe Gehirnhälfte)
Locimethode 66
Lösungsschlüssel 152

Makrokosmos (des Gehirns) 14 f.
Mann-Frau-Orientierung 45
Marginalspalte 92, 142
Menschen (einseitig orientierte) 43
Merk-Form 68, 92, 108, 112, 116, 168
Merk-Leistung 150
Merk-Techniken 65
Merk-Ebene 61
Merksätze (eigene) 65, 107
Mikrokosmos (des Gehirns) 24, 32
Mittelhirn 28
Mnemo-Techniken 59, 63, 69, 71, 81, 101, 108
Mnemosyne 56
Motivieren (zum Lernen) 15, 19 f., 28, 74 f., 79, 125, 155 f., 172
Muttersprache 129, 135, 138, 142, 158

Nacharbeiten (des Lernstoffes) 77, 94, 134
Nachhirn 28
Neokortex 27
Nerven-Neubildung 38
Nervenzellen (Neuronen) 24, 32, 37
Netzwerke 31, 34 f., 136
Neuronen (siehe Nervenzellen)
Neurotransmitter 33

Objekte (handelnde) 63, 89
Original (-text, -version) 74, 132, 135, 142, 151, 153, 159, 162 f., 164
Orts-Assoziations-Methode 65 f.

Paarweise visuelle Assoziation 57
Personal-Computer (PC) 20, 118
Perzeption (siehe Aufnehmen)
Phasen (des Lernprozesses) 76 ff., 99 ff., 112, 116, 118, 126 ff.
PICASSO 37
Piktogramme 95, 103, 123
Platzhalter 103, 116

Positronen-Emissions-Tomographie (PET-Technik) 33
Puffer-Speicher (siehe unter Speicher)

Rechnerarchitektur (-struktur) 31, 36
Rechte Hemisphäre (siehe Gehirnhälfte)
Reduzieren (von Lern-Einheiten) 68
Reiz 35, 51, 55
Rekonstruieren (des Lernstoffes) 52, 110
Reserven (unterbewußte) 42
Resumé 163
Rindensubstanz 25
Rollenspiel 76, 112, 128, 160
Rückenmark 29
Rückenmark (verlängertes) 28

Schädel 23, 25, 39
Schädeltrepanation 23
Scheitellappen 25
Schläfenlappen 25, 33
Schlüsselmerkmale 52
Schlüsselreiz 72
Schreiben (als Sprachfertigkeit) 51, 62 f., 66, 82, 100, 108, 116, 135 f., 138, 140, 142 f., 153, 157, 162 ff., 167
Schriftbild 162
Schul- und Ausbildungssystem 19
Sehen (im Sinne von visueller Informationsaufnahme) 25, 33 f., 48, 88, 94 f.
Selbst-Lernen 118
Selbststudium 130
Selbstversuch 58 f., 102
Sequenzen (siehe Wendungen)
Simultan-Dolmetschen 86
Sinn-Konzentrate 90
Sinnesempfindungen (-wahrnehmungen) 25, 28, 47
Sinnesorgane 35, 47
Situation (quasireale) 63, 89, 182 f.

Software 20
Speicher (Arbeits-) 30
Speicher (Bewegungs-) 62
Speicher (Fakten-) 62
Speicher (festprogrammierter) 30, 72
Speicher (Kurzzeit-) 47, 54 ff., 59
Speicher (Langzeit-) 30, 47, 50, 53, 55, 59
Speicher (Lese- und Arbeits-) 30
Speicher (Nur-Lese-) 29
Speicher (Puffer-) 48
Speicher (RAM-) 30
Speicher (ROM-) 29 f.
Speicher (Ultra-Kurzzeit-) 47 f., 53
Speicher (semantischer) 73
Speicherkapazität 31
Speichern (von Informationen) 40, 47 f., 51, 53, 62, 71, 82, 95, 118
Spickzettel 175 ff., 180
Sprache (innere) 90
Sprachfertigkeiten (siehe unter Fertigkeiten)
Sprachpsychologie 137
Sprachzentrum (motorisches) 23
Sprachzentrum (akustisches oder sensorisches) 24
Sprechen (als Sprachfertigkeit) 23, 34, 153, 157, 159, 173
Spuren 47, 55, 60
Spurenzerfallstheorie 115
Stimulieren (von Spuren / Erinnerungen) 55
Stirnlappen 25
Stoff (siehe Lernstoff)
Stoff-Komprimate 103
Störungen (des Gleichgewichtes) 29
Strukturieren (von Informationen) 93, 95, 106, 125
Studium 20
Subjekte (handelnde) 63, 89
Super-Kurse 126

Synapsen 32 f.

Textzusammenhang (Kontext) 161
Thalamus 28
Tiergehirn 31
Tierversuch 37
Trainieren (Training) 13, 16 ff., 35, 37 ff., 65, 67, 69, 75, 77, 84 ff., 91 f., 97 ff., 104, 108, 112 f., 117 f., 121, 133 f., 150, 153 f., 161 f., 165, 172 f.
Trance 41
Trepan 23

Übersetzen 75, 151 f., 164
Übungen (Austausch-) 151
Übungen (Einsetz-) 75, 141
Übungen (Ergänzungs-) 151
Übungen (Festigungs-) 75, 97, 99, 160
Übungen (Frage-Antwort-) 140, 160
Übungen (Hör-) 129
Übungen (Kommunikations-) 76, 100, 152
Übungen (suggestopädische) 150
Ultra-Kurzzeit-Speicher (-Gedächtnis, siehe unter Speicher)
unterbewußt 42
Unterstreichen (von Zusammenhängen) 122, 125, 168

Verarbeiten (von Informationen) 35, 49 f., 58, 99
Verbaler Code 40
Verbildlichen (von Sachverhalten) 96
Vergessen 11, 13, 47, 59 f., 66, 102, 115, 133, 149 f., 167
Verhaltensänderung 30
Verhalten(-sweisen) 15 f., 23, 29 f., 42, 44, 61 f., 72 f., 81, 87
Verkettungs-Methode 65

Vermittlungs- und Aneignungsphase (allgemein) 75, 77, 83, 97, 101
Vermittlungs- und Aneignungsphase (Fremdsprache) 129 f., 134
Verständnisebene 146
Visuell 35, 48 f., 57 f., 81, 94, 163, 171
Vokabel-Lernen 76, 126 f., 132 f., 135, 141, 149, 154
Vorkenntnisse 125, 145, 149

Wachstum (von Gehirnzellen) 38
Wahrnehmung 35, 47
Warum-Phase 18
Weiterbildungs-Kurs 21
Wendungen (Sequenzen) 132, 139, 140 f., 145, 156, 158, 164
Werbespots 108
WERNICKE 23 f.
Wiederholen 103, 105 f., 110, 177
Windungen 25
Wissen 10 f., 17 ff., 21 f., 36, 46, 60, 71 f., 76, 78, 99, 110 f., 118, 123, 127, 139
Wort-Handlungs-Beziehung 83, 161
Wort-Situations-Beziehung 83, 161
Wurm 29

Zeitreserven 88
Zeitung-Lesen 172
Zellen (graue) 22, 32 f.
Zellverbände 34
Zentralregion 34
Zentren (des Gehirns) 24 f.
Zielstellung 74 f., 82, 109, 120, 153, 173
Zusammenfassung 109, 112, 123, 131, 160, 181
Zwischenebene 53
Zwischenhirn 28
Zwischenspeichern (von Informationen) 30, 35